Geistreich, klug und unterhaltsam – und nicht zuletzt aus eigener Erfahrung – erzählt Luise Berg-Ehlers die Geschichte der Lehrerinnen, die untrennbar verbunden ist mit der von Emanzipation, Frauenbildung, Freiheit und Unabhängigkeit.
Der Weg von der Gouvernante zu einer mit allen Rechten und Pflichten ausgestatteten Lehrerin im 19. und 20. Jahrhundert war mühsam und steinig. Kein anderer weiblicher Beruf hat dermaßen zu Häme provoziert wie dieser. Dabei waren es die Lehrerinnen, die mit ihren Visionen und kämpferischen Ambitionen dafür eintraten, dass Mädchen Zugang zur Bildung bekamen, das Abitur machen und schließlich studieren durften. Aber nicht nur das, sie entwickelten auch neue Erziehungskonzepte, die statt bedingungslosen Gehorsam »das glückliche Kind« in den Mittelpunkt rückten. Nicht alles ist dabei gelungen, aber es ist höchste Zeit, die Lebensleistung dieser klugen, rebellischen und emanzipierten Frauen zu würdigen.

Luise Berg-Ehlers studierte Germanistik, Theologie, Theaterwissenschaft und Publizistik in Hamburg und Bochum. Vierzig Jahre lang war sie im Schuldienst und in der Lehrerausbildung tätig, 25 davon als Leiterin eines Gymnasiums in Bochum. Neben jahrelangem bildungspolitischem Engagement veröffentlichte sie zahlreiche Aufsätze zu fachdidaktischen und pädagogischen Themen. Sie hat als Autorin und Herausgeberin zahlreiche Bücher veröffentlicht, u.a. erschienen Mit *Virginia Woolf durch England* (2012), *Mit Miss Marple aufs Land* (2015) und *Extravagante Engländerinnen* (2014) im insel taschenbuch.

insel taschenbuch 4563

Luise Berg-Ehlers

Klug, rebellisch, emanzipiert

Der 2015 im Elisabeth Sandmann Verlag erschienene Originalband wurde für die Taschenbuchausgabe leicht gekürzt.

Erste Auflage 2017
insel taschenbuch 4563
Insel Verlag Berlin 2017

Vertrieb durch den Suhrkamp Taschenbuch Verlag

Umschlag, Innenseiten und Satz: *Schimmelpenninck.Gestaltung, Berlin*
Druck: *Friedrich Pustet GmbH & Co. KG, Regensburg*
Printed in Germany ISBN 978-3-458-36263-0

LUISE BERG-EHLERS

Klug, rebellisch, emanzipiert

Lehrerinnen *mit Weitblick*

Insel Verlag

Inhalt

Ohne Lehrerinnen geht es nicht

Wer starke Frauen sucht, sollte sich unter Lehrerinnen umsehen! Denn in den letzten 200 Jahren haben Lehrerinnen oder Frauen, die es werden wollten, im Kampf gegen Spott, Unterdrückung, Diffamierung, gegen Schwierigkeiten aller Art größte Entschiedenheit, Durchsetzungskraft und Stärke bewiesen. Eine Ursache für diese Mühsal findet sich in der Bibel in einem Brief des Apostels Paulus. Er schreibt: *»Dass eine Frau lehrt, erlaube ich nicht, [...] sie soll sich still verhalten«* (1. Tim. 2,12), und dieses Gebot behält für viele Jahrhunderte und für zahllose Frauen Gültigkeit. Kinder wurden in der Regel im Hause unterrichtet – meistens handelte es sich dabei um Knaben, und meistens wurden sie der Obhut von Lehrern anvertraut. Zwar gab es zuweilen Ausnahmen, doch die führten nicht selten zu dramatischen Entwicklungen, wie die Geschichte von Abaelard und Heloïse im 12. Jahrhundert zeigt. Der Vormund der jungen Frau wollte das Beste für seine begabte Schutzbefohlene und engagierte den berühmten Pariser Gelehrten Abaelard, der jedoch die Dinge des Lebens nicht nur in der Theorie unterrichtete. Heloïse wurde erst schwanger und dann verheiratet – eine nicht nur im Mittelalter unziemliche Abfolge –, und der verliebte Philosoph vom rachsüchtigen Vormund seiner Männlichkeit beraubt. Hätte der Verwandte all dies geahnt, wäre er sicherlich einer der Ersten gewesen, die gut ausgebildete Lehrerinnen gefordert hätten. Und zugleich würde er mit diesem Ansinnen den ungemein wichtigen Zusammenhang von Mädchenbildung und Lehrerinnenausbildung deutlich gemacht haben. Doch es brauchte viel Zeit, bis das Problem erkannt, und noch mehr Zeit, bis es gelöst wurde.

Wenn es im Laufe der Jahrhunderte überhaupt Unterricht von Frauen gab, dann zumeist nur in Klöstern und dort zumeist nur für die Töchter der Oberschicht. Für die Mehrheit der Mädchen fand – rudimentär genug – Bildung im Hause statt, und die Mutter war die Lehrerin. Der familiäre »Lehrplan« umfasste größtenteils Themen, die eine gute Hausfrau später befähigten, für Mann und Kinder zu sorgen, das Gesinde anzuleiten und den Haushalt erfolgreich zu führen. Die Klosterschulen konnten ihrer speziellen Aufgabe seit dem 16. Jahrhundert nur noch teilweise gerecht werden, da während der Reformation viele Konvente säkularisiert worden waren. Erst die Gründung von mehreren Lehrorden – zum Beispiel die der Ursulinen oder der Augustiner-Chorfrauen im 16. Jahrhundert – vermochte hier einen Ausgleich zu schaffen.

Reformatoren wie Martin Luther und Philipp Melanchthon forderten eine Bildung der weiblichen Jugend, die möglichst nicht nur im Hause, sondern auch in Schulen stattfinden sollte. In seiner Schrift *An den christlichen Adel deutscher Nation* (1520) erklärte Luther, es müsse möglichst in jeder Stadt eine Mädchenschule geben. Humanisten wie Erasmus von Rotterdam und Thomas More verwiesen ebenfalls auf die Notwendigkeit, Töchtern wie Söhnen eine umfassende Bildung und Erziehung zukommen zu lassen. More verwirklichte dieses Prinzip bei seinen eigenen Kindern, denen er ungeachtet des Geschlechts eine profunde Bildung angedeihen ließ. Ein Motiv für die Einsicht lag auch in den Ehevorstellungen vieler gebildeter Männer der damaligen Zeit, die zwar nicht gleichberechtigte, wohl aber gleichgebildete Gesprächspartnerinnen suchten. Am besten hatten es jene Mädchen, die am häuslichen Unterricht ihrer Brüder teilnehmen konnten und dadurch mehr lernten, als nur einer Hauswirtschaft vorzustehen.

Wohl trat seit der frühen Neuzeit eine große Anzahl kultivierter, ja gelehrter Frauen hervor, so zum Beispiel Herrscherinnen wie Elisabeth I. von England oder Christina von Schweden, Wissenschaftlerinnen wie Maria Sybilla Merian, Schriftstellerinnen wie Aphra Behn oder Ärztinnen wie Dorothea Erxleben. Das darf jedoch nicht darüber hinwegtäuschen, dass für ihren Erfolg keine systematische öffentliche Schulbildung, sondern eine individuelle private Erziehung verantwortlich war. Gravierend aber war die vorherrschende Auffassung, Mädchen seien aufgrund ihrer psychischen wie physischen Disposition gar nicht in der Lage, den intellektuellen Anforderungen eines Unterrichts zu folgen, wie ihn Knaben höherer Stände erhielten, und Frauen seien nicht fähig, in gleicher Weise Lektionen zu erteilen wie Lehrer. In Bezug auf ein Universitätsstudium weiblicher Wesen und auf deren mögliche Tätigkeit als wissenschaftlich Lehrende und Forschende hielt sich diese Vorstellung teilweise bis ins 20. Jahrhundert. Wie lang und hindernisreich der Weg war, den Bürgerinnen wie Bürger zurücklegen mussten, um ihren Töchtern eine angemessene und den Knaben gleichwertige Bildung zu verschaffen, soll später exemplarisch an der Entwicklung einer Mädchenschule in einer kleinen norddeutschen Stadt gezeigt werden. Doch die Geschichte der Lehrerinnen allgemein wie auch die Biografien einzelner Pädagoginnen in Deutschland, in Österreich, in der Schweiz, in England und in vielen anderen Ländern zeigen nicht nur die Tradierung zäher Vorurteile, sondern ebenso den intensiven Kampf dagegen. Sie verweisen auch auf den Behauptungswillen der vielen Frauen, die aus unterschiedlichen Gründen Lehrerinnen werden wollten und die gegen alle Widerstände entschlossen waren, diesen besonderen Beruf anzustreben.

Anders als für die männlichen Kollegen hatte der Lehrberuf für Frauen eine Bedeutung, die über die Existenzsicherung durch eine angesehene und anspruchsvolle Arbeit erheblich hinausging. In einer Zeit, in der Frauen fast nur die Möglichkeit hatten – sofern sie selbst Geld verdienen wollten oder mussten –, als lohnabhängiges Dienstpersonal in den Häusern der Wohlhabenden und Reichen zu arbeiten, hatte der Beruf einer Lehrenden ein gewisses Ansehen, da ihre soziale Herkunft zumeist reputierlich war. Man arbeitete zwar *für* eine Herrschaft, aber nicht *unter* ihr, und die Gouvernante, die Hauslehrerin, glaubte sich auf Augenhöhe mit der Dame des Hauses. Während ihres Dienstes jedoch musste sie sich – vermutlich widerstrebend – mit der sozialen Realität arrangieren. Vor allem bot der Lehrberuf für Frauen zunehmend die Möglichkeit, familiärer und sozialer Bevormundung zu entgehen und langsam, wenn auch unter großen ökonomischen Schwierigkeiten und politischen Widerständen, den Weg zu finden in ein emanzipiertes Leben.

Dieser Weg war hindernisreich, und auch heute ist er nicht immer einfach zu gehen, denn Vorurteile gegen Lehrerinnen und Lehrer sind nicht selten. Deshalb nimmt man dankbar die Feststellung zur Kenntnis, die John Hattie, ein in Australien lehrender Neuseeländer und derzeit einer der meistdiskutierten Wissenschaftler seines Faches, über Pädagogen trifft: »Auf den Lehrer / die Lehrerin kommt es an«, und das meint, auf *gute* Lehrerinnen und Lehrer. In unserem Zusammenhang ist ein Befund seiner Untersuchungen interessant: Besonders wichtig und für den Lernerfolg unverzichtbar – so Hattie – ist die lange nicht gewürdigte emotionale Seite im schulischen Geschehen; Vertrauen, Empathie und Fürsorge müssen vom Unterrichtenden aufgebracht werden, damit Lernen und Lehren gelingen. Und genau diese Fähigkeiten wurden zwar früher den zum Lehramt strebenden Frauen attestiert, zugleich aber legte man ihnen derartige Kompetenzen als Schwäche aus und hielt weibliche Wesen höchstens für untergeordnete und weniger bedeutende pädagogische Tätigkeiten geeignet. Die konnten sie selbstverständlich nur unter der patriarchalischen und anweisenden Führung eines ihnen immer an – vermeintlicher – Kompetenz überlegenen Mannes leisten. Glücklicherweise ließen sich die Frauen durch eine derartige Bevormundung, die auch der Sorge vor einer Konkurrenz am Arbeitsplatz, vielleicht sogar der Angst vor überlegener Intellektualität geschuldet war, nicht von ihrem Berufsziel abhalten. Viele Pädagoginnen wussten, dass Empathie und fürsorgliche Zuwendung, die bei Bedarf auch auf Strenge nicht verzichtet, die Grundpfeiler erfolgreichen Unterrichtens sind. So formuliert Marie Loeper-Housselle, die Gründerin der Zeitschrift *Die Lehrerin in Schule und Haus*, 1887 in ihrem Blatt unter der Überschrift »Zwei wesentliche Punkte im Lehrerinnenberuf«: »[...] die tüchtige Persönlichkeit des Lehrers [sic!] ist und bleibt die zuverlässige Garantie für das Gelingen pädagogischer Bestrebung.«

Kämpferisch erobern sich junge Studentinnen männliches Terrain!

Zwar haben Sachbücher kein Happy End, aber wenn man die letzten 200 Jahre überblickt, in denen Frauen sich immer stärker im Lehrberuf durchsetzten, in denen sie nicht nur als Gouvernanten in privaten Haushalten, als Lehrerinnen in Privatschulen oder in sogenannten Volksschulen arbeiten konnten, sondern zunehmend auch das höhere Schulwesen und die Universitäten eroberten, dann sind zumindest viele Schwierigkeiten überwunden. Doch es bleibt festzuhalten, dass Frauen nicht nur im 19. Jahrhundert, sondern weit ins 20. Jahrhundert hinein kämpfen mussten für Bildung, Gleichberechtigung und Unabhängigkeit. *Insofern ist ein Buch über Lehrerinnen auch ein Buch über Kämpferinnen!* Und es ist vor allem ein Buch darüber, dass ohne diese Kämpferinnen, ohne den unermüdlichen, keinen Widerstand scheuenden Einsatz von Lehrerinnen gegen die Ungerechtigkeiten einer Gesellschaft, die Mädchen wie Frauen eine angemessene Bildung, eine politische Gleichstellung verweigerte, die weibliche Emanzipation erheblich länger hätte auf sich warten lassen. In diesem Zusammenhang soll der entscheidende Beitrag der Lehrerinnen zur Frauenbewegung besonders gewürdigt werden, denn die führenden Persönlichkeiten in den entsprechenden Vereinigungen waren meistens Pädagoginnen.

Wenn heute die Energie einer Lehrerin hauptsächlich im Kampf mit der Kultusbürokratie, mit sogenannten Reformen und nicht selten auch mit schwierigen Schülerinnen und Schülern aufgewendet werden muss, so geht es zumindest nicht mehr um die Existenz. Natürlich gibt es noch Probleme bei der pädagogischen Tätigkeit, aber diese sind häufig weniger geschlechts- als schulspezifisch und müssen von männlichen Kollegen ebenfalls bewältigt werden. Und wenn auch die Öffentlichkeit nicht immer die Anerkennung bereithält, die man sich in der Schule vielleicht wünschen würde, so ist doch zum Beispiel ein wichtiger Schritt getan mit der Stiftung des Deutschen Lehrerpreises, den natürlich auch Lehrerinnen verliehen bekommen.

In den letzten 200 Jahren leisteten unzählige Frauen in unterschiedlicher Weise Wichtiges für die Anerkennung des Berufs einer Lehrerin in der Gesellschaft und machten sich dabei auch um die Mädchenbildung verdient. Denn Lehrerinnen waren schon in der

Vergangenheit unbeugsame Frauen, die mehr wollten: mehr Bildung, mehr Selbstständigkeit, mehr Unabhängigkeit und vor allem mehr Rechte, und das hieß letztlich die gleichen Rechte wie Männer. Sie erkannten, dass Freiheit und Rechtsgleichheit ohne Bildung nicht möglich wären. Entscheidend war aber außerdem, dass sie ihre Wünsche in aktives Gestalten und in Veränderung umsetzten. Damit haben sie sich gegen alle Versuche vor allem von Männern behauptet, Lehrerinnen qua Geschlecht abzuwerten, statt ihre Professionalität zu schätzen. Zwar war der lange Weg mühsam und ist es in vielen Teilen der Welt immer noch, doch die Frauen, die ihn gingen, schrieben eine bemerkenswerte Erfolgsgeschichte. Dieses Buch hat eine repräsentative Auswahl getroffen, um besonders bemerkenswerte, tatkräftige und beispielhafte Pädagoginnen vorzustellen.

*Gewidmet ist dieses Buch allen Frauen,
die Lehrerin waren, die es sind und denen,
die es hoffentlich werden wollen.*

1

Die Gouvernante – das verkannte Wesen

oder:
Bilden und Erziehen heißt nicht Regieren

*»Eine junge Dame, welche im Lehren geübt ist,
wünscht eine Stellung in einer Familie zu finden,
wo die Kinder unter vierzehn Jahren sind.
Sie ist befähigt, in den gewöhnlichen Zweigen,
welche zu einer guten, englischen Erziehung
gehören, zu unterrichten, ebenso im Französischen,
im Zeichnen und in der Musik.«*

1

Die Gouvernante – das verkannte Wesen

Mit einer solchen Anzeige, wie sie im 19. Jahrhundert in englischen Zeitungen häufig erscheint, könnte eine Erfolg versprechende Karriere als Gouvernante ihren Anfang nehmen. Denn die Bewerberin erfüllt alle Anforderungen, die damals an Gouvernanten gestellt wurden: Sie ist eine Dame, hat bereits unterrichtet und weiß, was zu einer guten englischen Erziehung gehört – nämlich Lesen, Schreiben, Rechnen und biblische Unterweisung. Zwar wird das übliche ornamentale Erziehungsbeiwerk wie Übungen im Tanzen, Unterweisen in guten Manieren und die Fertigkeit, anmutig Konversation zu machen, nicht genannt, doch dürfte die Bewerberin auch jene Fähigkeiten vermitteln können, die ein junges Mädchen braucht, um in der Gesellschaft zu bestehen.

Die junge Frau hat mit ihrem Inserat Erfolg und kann in einem Herrenhaus bei einem interessanten, obendrein attraktiven Arbeitgeber und einer netten Schülerin ihren Dienst antreten. Was wie ein berufliches Happy End erscheint, ist jedoch der Anfang einer dramatischen Beziehung, denn die junge Erzieherin heißt Jane Eyre und ist die Heldin des gleichnamigen Romans von **Charlotte Brontë**, einer Pfarrerstochter aus dem einsamen Haworth in Yorkshire.

Die drei Brontë-Schwestern – neben Charlotte noch Anne und Emily – schrieben alle Romane und Gedichte, wobei Charlotte und Anne auch auf ihre Erlebnisse als Gouvernanten zurückgreifen konnten, um sie eindrucksvoll in ihrem Werk zu verarbeiten. **Anne Brontës** Roman *Agnes Grey* (1847 noch unter einem Pseudonym erschienen) erzählt von den frustrierenden Erfahrungen, die eine junge Frau im Hause einer eingebildeten, aber ungebildeten Familie machen musste, worauf sie bald einen anderen Arbeitgeber suchte. Aber Jane Eyre wie Agnes Grey widerfuhr etwas, worauf ihre Kolleginnen in der Realität meistens vergeblich hofften: Sie heirateten, und Jane Eyre wurde sogar von ihrem Dienstherrn zum Altar geführt.

Schon **Jane Austen** ließ zuvor Jane Fairfax, eine ihrer Frauenfiguren im Roman *Emma* (1815), über das harte Los der Gouvernanten klagen, die von Agenturen vermittelt würden. Dies sei zwar nicht gerade ein Handel mit menschlichem Fleisch, aber immerhin mit menschlicher Intelligenz, und dieser »Gouvernantenmarkt« käme, zumindest was das Elend der Opfer anginge, dem Sklavenhandel gleich. Austen scheint Mitgefühl mit der zukünftigen Gouvernante zu haben und lässt sie nicht im Schulzimmer, sondern im ehelichen Schlafzimmer landen. Aber erst die »Gouvernanten-Romane« von Charlotte und Anne Brontë und ihr Erfolg beim Publikum machten nachdrücklich auf die Probleme dieses Berufes aufmerksam.

Ihre soziale Herkunft hätte die Schwestern Brontë eigentlich zu Vorbildern einer Gouvernante in der ersten Hälfte des 19. Jahrhunderts werden lassen können. Sie kamen aus einem Pfarrhaus, hatten untadelige Manieren, waren belesen, gebildet und schreibfreudig. Ferner verfügten sie über hauswirtschaftliche Fähigkeiten, waren religiös und sittsam erzogen und hatten – außergewöhnlich für die damalige Zeit, wenn auch nicht unbedingt für eine Pfarrhauskindheit – Latein und Griechisch gelernt. Um ihre Französischkenntnisse zu perfektionieren, besuchten zwei Schwestern sogar ein Institut in Brüssel. Ihre unerfreulichen Erfahrungen als Gouvernanten jedoch ließen sowohl Anne wie auch Charlotte nach größerer Unabhängigkeit streben. Als Angestellte befanden sie sich nämlich in einer höchst bedrückenden »Sandwichsituation«, das heißt, als Angehörige des Bürgertums zählten sie sich sozial eher zur Familie des Arbeitgebers, als lohnabhängige Beschäftigte waren sie eher Dienstboten, wurden aber von der Dienerschaft als nicht zugehörig betrachtet und teilweise sogar verachtet. Die deutsche Erzieherin und Schriftstellerin **Malwida von Meysenbug** (1816–1903), die Mitte des 19. Jahrhunderts lange als Gouvernante in England arbeiten musste, da politische Gründe sie zur Emigration aus Deutschland gezwungen hatten, beschreibt diese Situation sehr plastisch im ersten Band ihrer *Memoiren einer Idealistin*. »Die Stellung der Gouvernante ist eine

Gruppenbild der Brontë-Schwestern: von links Anne, Emily, Charlotte; gemalt von ihrem Bruder Patrick Branwell Brontë, um 1835.

trostlose. Sie ist eine Art Polyp, ein Übergangsgeschöpf zwischen Tier und Pflanze, das heißt zwischen Herrschaft und Dienerschaft. Sie wird von oben herab schlecht behandelt, mit einer empörenden Herablassung, und sie wird ebensowohl von unten herauf schlecht behandelt, denn die Diener gehorchen ihr unwillig.« Und dabei gehörte Meysenbug immerhin der Aristokratie an und war mit Engländern aus dem Hochadel befreundet.

Um solchen unerquicklichen Verhältnissen zu entgehen, beschlossen die Schwestern Brontë, eine eigene Schule im Pfarrhaus zu gründen, und entwarfen deshalb einen Werbezettel, der The Misses Brontë's Establishment für die Erziehung einer begrenzten Anzahl von jungen Ladys annoncierte und dabei Folgendes anbot: Unterricht in Arithmetik, Geschichte, Grammatik, Geografie und Nadelarbeit; wer obendrein Französisch, Latein und Deutsch lernen wollte, musste extra zahlen. Die Mädchen hatten Bettwäsche und Handtücher mitzubringen und – nicht zu vergessen – einen Dessert- und einen Teelöffel. Wenn man die Isolation von Haworth auf den Sturmhöhen Yorkshires bedenkt, wenn man ferner die Düsternis des Pfarrhauses in Betracht zieht, das sich inmitten des von Leichengeruch überlagerten Friedhofes befand, dann wundert es nicht, dass die »Brontë-School« keine Anmeldungen erhielt. Glücklicherweise waren die Schwestern literarische Genies und hatten somit eine andere Betätigungs- und später auch Verdienstmöglichkeit. Doch Genies gab es unter unvermögenden jungen Frauen aus gutem Hause erheblich weniger als finanziell Bedürftige, und deshalb blieb Letzteren nur die Gouvernantentätigkeit.

***

Schaut man sich die Biografien etlicher Erzieherinnen vor allem im Großbritannien des 19. Jahrhunderts an, stellt man noch eine andere »Voraussetzung« für eine pädagogische Karriere fest: die Erfahrung einer sozialen Katastrophe. Diese war für viele junge französische Aristokratinnen die Revolution, und so kamen nach 1789 zahlreiche Töchter des Adels auf die Britische Insel, um der Guillotine zu entgehen und in die Dienste ihrer Standesgenossen zu treten. Dadurch sorgten sie dafür, dass etliche Jahre Gouvernanten sozial hoch angesehen, da gesellschaftlich hochstehend waren. Und sie verfügten qua Herkunft über eine Fähigkeit, deren Vermittlung vielen Eltern für ihre Töchter besonders wichtig war – sie lehrten die Gesellschaftssprache Französisch als Muttersprachlerinnen. Allerdings gab es bei etlichen Familien Zweifel, ob denn die Katholikinnen von jenseits des Kanals als Lehrerinnen für die Mädchen im anglikanischen Königreich wirklich geeignet waren, fürchtete man doch mögliche Missionierungsversuche.

Ende des 18., Anfang des 19. Jahrhunderts stieg dank der wirtschaftlichen Entwicklung und der wachsenden Prosperität des Bürgertums in Großbritannien auch die Nachfrage nach Hauslehrerinnen, denn die reichen Kaufleute, Bankiers und Industriellen wollten ihren Töchtern eine dem Adel vergleichbare Erziehung ermöglichen. Da kamen dann andere Katastrophen zupass, durch die junge Frauen veranlasst wurden, eine Tätigkeit als Gouvernante anzustreben, wie der Tod des Vaters (oder des Ehemannes) oder die Insolvenz des Familienunternehmens. Eine zeitgenössische Kritik des Romans *Jane Eyre* in der *London Quarterly Review* nimmt auf diese Situation recht drastisch, fast schon zynisch Bezug, wenn die

Rezensentin beschreibt, wie die Nachfrage nach Gouvernanten befriedigt werden könne: Um junge Frauen diesen Beruf ergreifen zu lassen, brauche man die Unvernunft, die Fehler, schlimmstenfalls sogar die Verbrechen einer hinreichend großen Anzahl von Vätern, um die Saat zu säen, aus der Gouvernanten erwüchsen. Keine andere Klasse von Bediensteten rekrutiere sich derart systematisch aus dem Unglück der Mitmenschen. Die Rezensentin gibt in diesem Zusammenhang eine knappe, aber signifikante Definition einer Gouvernante nach englischem Verständnis: Sie sei ihren Arbeitgebern gleichgestellt nach Herkunft, Umgangsformen und Erziehung, aber untergeordnet nach weltlichem Besitz. Zuweilen allerdings mochte den vornehmen und vermögenden Arbeitgeberinnen eine dunkle Ahnung erschienen sein, dass auch ihre finanzielle Sicherheit, die sie zuweilen zu unangebrachter Arroganz verführte, sich durch widrige Umstände in jene ökonomische Unsicherheit verwandeln könnte, die aus der Herrin eine Gouvernante machen würde.

Pfarrhaus in Haworth, Yorkshire, inmitten des Friedhofes und vieler Grabsteine. Hier lebten die Schwestern Brontë, schrieben ihre Bücher und wollten eine Schule eröffnen.

Leider hatten die häufig unverschuldet in Not geratenen jungen Frauen kaum die Chance, durch ihre pädagogische Arbeit so viel zu verdienen, um wenigstens etwas fürs Alter zu sparen, wenn sie schon nicht verlorenen Wohlstand zurückgewinnen konnten. Zwar bekamen sie meistens Unterkunft und Verpflegung gestellt, doch wurde in Bezug auf die Kleidung verlangt, die Erzieherin möge bei gesellschaftlichen Anlässen im Herrenhause angemessen repräsentieren, um nicht etwa das Ansehen der Herrschaft zu beschädigen. Also musste für besondere Gelegenheiten – sei es das abendliche Dinner, zu dem man sich umzog, seien es kleinere oder große Gesellschaften – eine festliche und insofern aufwendige Garderobe beschafft werden. Auch für die Arbeit im Schulzimmer legte die Herrschaft Wert auf einen angemessenen Dress – und dies im wahrsten Sinne des Wortes, denn der wurde auf Maß gefertigt, wie es damals üblich war. Während die Dienstboten ihre »Uniformen« gestellt bekamen, mussten die Gouvernanten für ihre »Dienstkleidung« selbst sorgen. Diese hatte schlicht und möglichst einfarbig zu sein – Schwarz oder Grau wurden bevorzugt, vielleicht aufgeputzt durch ein weißes Krägelchen.

Das »governess cart«, um 1903, war ideal, um die Kinder im Auge zu behalten.

Wollte die Lehrerin mit ihren Zöglingen an die frische Luft, um das Anwesen zu erkunden oder Ausfahrten zu unternehmen, konnte sie ein sogenanntes »governess cart« benutzen, einen kleinen Kutschwagen, in dem die Sitzbänke nicht quer, sondern parallel zur Fahrtrichtung angeordnet waren und sich der Einstieg hinten befand, damit die Kinder immer im Blickfeld blieben.

Die Tätigkeit einer Gouvernante war anstrengend und ihr sozialer Status ungenau definiert, denn eigentlich war sie eine Lady, aber ohne Vermögen und ohne das Hauptcharakteristikum einer Lady aufzuweisen: andere Menschen arbeiten zu lassen und selbst nichts zu tun, außer Anordnungen zu erteilen. Deshalb war die Autorität einer Gouvernante, die sich obendrein in einer kaum zu gewinnenden Konkurrenz zur Mutter der ihr anvertrauten Kinder befand, häufig nur bedingt wirksam. Der Ursprung der Bezeichnung »Gouvernante«, das lateinische »gubernare« für »lenken, leiten, regieren«, ist insofern irreführend, als die Gouvernante meistens noch nicht einmal im Schulzimmer die gebotene Regentschaft innehatte. Das Ansehen einer Erzieherin wäre auch sehr viel größer gewesen, wenn sie – wie die männlichen Hauslehrer – nicht nur über Bildung, sondern auch über eine Ausbildung verfügt hätte. Lange agierten Gouvernanten als »Amateur-Pädagoginnen«, deren Unterricht abhängig war von der eigenen häuslichen Erziehung und dem in einem Pensionat erhaltenen Unterricht. Der Begriff Gouvernante und Lehrerin (gemeint ist damit die Hauslehrerin) wurde in der ersten Hälfte des 19. Jahrhunderts fast synonym gebraucht. Erst von der Mitte des 19. Jahrhunderts an begann man in England – auf dem Kontinent schon früher –, der Ausbildung von künftigen Lehrerinnen, die diese Bezeichnung verdienten, größere Aufmerksamkeit zu schenken. Auf der Insel waren es die Governesses' Benevolent Institution und nachfolgend das Londoner Queen's College, wo zukünftige Gouvernanten das nötige Rüstzeug erhielten; in Deutschland wie auch in der Schweiz trug die Gründung mehrerer Lehrerinnen-Seminare zur qualitativen Verbesserung des von Frauen erteilten Unterrichtes bei.

***

Lange Zeit aber blieben die Lebensumstände einer Gouvernante relativ unerfreulich, und dennoch erwarteten viele junge Frauen, die Sehnsucht der Brontë-Heroine Agnes Grey nach Selbstständigkeit und Unabhängigkeit möge sich für sie persönlich erfüllen. »Wie herrlich musste das sein, als Gouvernante zu arbeiten. In die Welt hinauszugehen, ein neues Leben anzufangen, selbstständig zu handeln, meine ungenutzten Fähigkeiten zum Einsatz zu bringen, ungeahnte Kräfte zu erproben, meinen eigenen Lebensunterhalt zu verdienen.« Nur durch diesen Beruf, so die Hoffnung, würde man gesellschaftlichen Einschränkungen entgehen und vielleicht eine Freiheit finden, wie sie in einer Ehe – der eigentlichen Bestimmung einer Frau – nach den damaligen Gesetzen nicht möglich war. Es gab immerhin Vorbilder, die Derartiges erreicht hatten.

Das prominenteste Beispiel in der ersten Hälfte des 19. Jahrhunderts war sicherlich **Louise Lehzen** (1784–1870), die Gouvernante der späteren Königin Victoria. Sie war eine Pfarrerstochter aus dem Hannoverschen und von Victorias Mutter, Victoire von Sachsen-Coburg-Saalfeld, schon in deren erster Ehe mit dem Fürsten zu Leiningen als Gouvernante verpflichtet worden. Nach dem Tode des Fürsten heiratete Victoire den Herzog von Kent, zog mit ihm nach London in den Kensington Palace, wo Prinzessin Victoria geboren wurde, und »die Lehzen«, wie sie bei Hofe genannt wurde, folgte.

Lehzen war als fürsorgliche Betreuerin für die kleine Prinzessin bestimmt, doch als sich nach dem Tode des Herzogs abzuzeichnen begann, dass aus der Prinzessin eine Königin werden könnte, wurden die Aufgaben der Gouvernante andere. Die Herzogin und ein ihr ergebener, machtlüsterner Hofmann isolierten die potenzielle Thronfolgerin völlig, indem sie das später sogenannte »Kensington System« installierten. Danach wurde das Mädchen vom Hofe ferngehalten, kannte keine Gleichaltrigen, hatte nur Hunderte an Puppen zum Spielen, die sie zusammen mit Louise Lehzen gebastelt hatte, und vor allem erfuhr sie keinerlei liebevolle und vertraute Zuneigung von der Mutter. Deren emotionale, beratende und belehrende Funktion übernahm nun völlig die Gouvernante, die sich Victoria aus Zuneigung und nicht aus Ehrgeiz zuwandte; im persönlichen Umgang soll ihr

Schützling sie sogar Mutter genannt haben. Die Herzogin ermahnte ihre Tochter bezeichnenderweise, die Gouvernante sei eine Dienerin, keine Freundin. Doch genau das war Baronin Lehzen, die geadelt wurde, da eine künftige Königin nicht von einer Bürgerlichen erzogen werden konnte. Anders als oftmals üblich, dominierte in dieser Konstellation nicht die Mutter, sondern die Erzieherin. Noch nach ihrer Krönung blieb Victoria der Gouvernante eng verbunden. Erst ihr Ehemann, Prinz Albert, sorgte für die Trennung, schien doch die Gouvernante wie eine Schwiegermutter agiert zu haben. Die Königin aber blieb in einem regen Briefwechsel mit Baronin Lehzen, zahlte eine stattliche Pension und errichtete ihr ein repräsentatives Grabmal. Da in England der Hof eine Art Vorbildrolle für die Menschen im Lande einnahm, kamen zunehmend Gouvernanten aus Deutschland »in Mode«, zumal außerdem deren gute Ausbildung geschätzt wurde.

***

100 Jahre später gab es wieder eine bürgerliche Gouvernante bei Hof, genauer: im Haushalt des Duke of York, dessen Töchter, die Prinzessinnen Elizabeth und Margret, der pädagogischen Betreuung bedurften. Die Schottin **Marion Crawford** (1909–1988), von den Mädchen zärtlich Crawfie genannt, wurde von Elizabeth, der späteren

Louise Lehzen; die deutsche Baroness war zeitlebens eine enge Weggefährtin der englischen Königin Victoria.

Queen Mum – ebenfalls eine Schottin – engagiert; dieser war Marion Crawford nach ihrer Lehrerausbildung von einer anderen Adelsfamilie empfohlen worden. In ihren Memoiren schildert Crawford ein harmonisches Zusammenleben mit der Familie Windsor, das sich auch nicht ändert, als der Duke of York – höchst widerstrebend – seinem Bruder Edward nach dessen Abdankung auf den Thron folgen muss. Anders als es viele Gouvernanten nicht selten in bürgerlichen Familien erlebten, war Crawford eine Art Familienmitglied, das man den Standesunterschied anscheinend nicht spüren ließ. Allerdings dürfte in mancher bürgerlichen Familie der Anspruch an die Bildung der Kinder höher gewesen sein als in der königlichen.

Crawford gibt in ihren Erinnerungen – die ihr im Übrigen eine Verbannung vom Hofe eintrugen – einen Überblick über den Stundenplan der Thronfolgerin. Vormittags Unterricht von 9.30 bis 11.00 Uhr in den Fächern Arithmetik, Geschichte, Geografie, Sprachen, Literatur und Poesie und am Montagmorgen eine Einheit Bibellektüre; dann in der Zeit von 11.00 bis 14.00 Uhr ein zweites Frühstück, Ausruhen mit einem Buch und Lunch. Am Nachmittag dann Musik, Zeichnen, Singen und Spaziergänge. Das Wochenende wurde in Windsor verbracht mit Reiten, Spielen im Park und Zusammensein mit den Eltern. Die Gouvernante legte ihre Unterrichtsplanung Königin Mary vor, und diese monierte, es würde zu wenig in der Bibel gelesen, die Historie fände zu wenig und die Arithmetik zu viel Berücksichtigung. Als Begründung führte die Königin an, ein Mitglied des Hochadels müsse alles über Geschichte und Dynastien wissen, aber käme kaum in die Verlegenheit, ein Haushaltsbuch zu führen, brauche also nicht zu rechnen. Spätere Thronfolger im Hause Windsor wurden sehr viel gründlicher und in Hinblick auf ihre künftige Funktion angemessener in Internaten ausgebildet.

***

Anders als in der englischen Literatur spielte die Gouvernante in deutschen Romanen keine wesentliche Rolle, sondern war meistens nur als Nebenfigur vertreten. Als ein Beispiel dafür mag der Roman

Prinzessin Elizabeth und ihre Schwester Prinzessin Margaret gemeinsam mit ihrer Gouvernante Miss Marion Crawford, liebevoll Crawfie genannt, 1939.

Frau Jenny Treibel von Theodor Fontane gelten, des bedeutendsten deutschen Romanciers des 19. Jahrhunderts. In der Familie des wohlhabenden Kommerzienrates Treibel gibt es für die reizende Enkelin Erzieherinnen, die auch als Gesellschaftsdamen fungieren. Wie nicht selten bei Fontane haben die beiden Damen bezeichnende Namen; die eine heißt Fräulein Honig, weil sie ob ihrer sozialen Situation immer etwas säuerlich dreinschaut, die andere, Fräulein Wulsten, ist demütig und dienstfertig und wird ziemlich von oben herab behandelt. Ein wenig seltsam ist, dass Fontane die Gouvernanten und deren Status nicht sonderlich positiv darstellt, obwohl doch seine Tochter Martha, genannt Mete, Gouvernante geworden war. Sie hatte die Staatliche Augustaschule besucht sowie anschließend das dazugehörige Lehrerinnenseminar und trat 1880 als Hauslehrerin in den Dienst einer adeligen Gutsbesitzerfamilie. Hier hatte sie zwei Mädchen zu unterrichten und zu erziehen, wobei sie sich auf die Unterstützung der Eltern verlassen konnte.

In Deutschland war es sehr viel öfter üblich, Gouvernanten nicht nur entsprechendes Gehalt, sondern auch Familienanschluss zuzusichern, wobei dieser natürlich nicht unproblematisch war. Da die in der Regel gut ausgebildeten bürgerlichen Erzieherinnen sehr häufig adelige Schülerinnen zu betreuen hatten, ergaben sich damals Schwierigkeiten in zweierlei Hinsicht: Zum einen fiel es allen Beteiligten nicht immer leicht, »familiäre« Gemeinsamkeiten zu finden, war doch die jeweilige Sozialisation recht unterschiedlich. Zum anderen fühlten sich viele der gebildeten Gouvernanten ihren Arbeitgebern zumindest im Hinblick auf kulturelle Kompetenz überlegen, auch wenn sie zähneknirschend deren soziale Überlegenheit akzeptieren mussten. Da **Martha Fontane** (1860–1917) gut ausgebildet war und durch die Prominenz ihres Vaters und dessen großen Bekanntenkreis ihrerseits gesellschaftlichen Umgang mit bedeutenden Literaten, Politikern und Theaterleuten hatte, brachte sie den Landjunkern in der Einsamkeit des östlichen Brandenburgs entsprechende Vorbehalte entgegen. In den zahlreichen Briefen, die sie mit ihrer Familie wechselte – eine Leidenschaft im Hause Fontane – wird ein bemerkenswertes Bild des Gouvernantendaseins im ausgehenden 19. Jahrhundert gezeichnet.

Aus der Sicht vieler klagender Kolleginnen von Martha Fontane hat diese es eigentlich gut: Sie wird fast wie ein Kind im Hause behandelt, von allen geachtet, wenn nicht gar geliebt, und auf Gesellschaften – sei es im Schloss oder bei den adeligen Nachbarn ringsum – ist sie selbstverständlich ein gerne gesehener Gast. Auch sie selbst betont in ihren Briefen immer wieder, wie gut sie es doch getroffen habe, wie wohl sie sich fühle – trotz häufiger Unpässlichkeiten – und wie sehr sie es schätze, von allen geschätzt zu werden. Sie berichtet von pädagogischen Erfolgen bei ihren Schützlingen, wozu anscheinend auch ein nachdrücklicher und durchaus üblicher Einsatz von körperlicher Züchtigung verhilft. Doch etwas fehlt, und das ist in der ostbrandenburgischen Abgeschiedenheit auch nicht zu beschaffen: städtisches Leben. Was Mete Fontane ersehnt, sind die Großstadt Berlin und das kulturelle Leben in der Metropole sowie Gesellschaften, in denen man sich nicht nur über Ackerbau, Viehzucht und Jagderlebnisse austauscht. Obendrein ist das Gehalt sehr niedrig, und ein Monatslohn wird bereits durch das Festkleid für eine besondere Einladung verbraucht.

Hausmusik mit Gouvernante, 1894.

Den Blick von außen auf ihre Lebensumstände liefert ihr Bruder Friedrich, der nach einem Besuch ziemlich befremdet ist über die kleine, ärmlich eingerichtete Kammer, die einer Gouvernante anzubieten sich die Arbeitgeber schämen müssten. Deutlich wird auch in den Briefen Marthas, dass eine Erzieherin kaum einen Augenblick allein und ungestört ist. Vom gemeinsamen Frühstück über die Unterrichtsstunden bis zum Abendessen, von Pflichtspaziergängen und Pflichtbesuchen über Vorlesestunden bis zum abendlichen Klavierspiel – die Gouvernante ist ständig im Dienst. Da können Krankheiten als Legitimation für eine Flucht ins Bett schon hilfreich sein. Nach einem guten Jahr kündigt die Fontane-Tochter, die es eigentlich verdient hätte, in den Romanen ihres Vaters eine bedeutendere Rolle zu spielen. Zwar sind wohl Züge von ihr auf die Gymnasiallehrertochter Corinna Schmidt (in *Frau Jenny Treibel*) übertragen worden, doch dass diese nur einen Lehrer heiratet, statt selbst Lehrerin zu werden, ist fast ein emanzipatorischer Rückschritt im Werk von Theodor Fontane, den auch die Heldin Mathilde Möhring im später verfassten gleichnamigen Roman kaum ausgleichen kann.

***

Eine Ausnahmeerscheinung in vielfacher Hinsicht war eine Frau, die zwar nur wenige Jahre als Gouvernante arbeitete – und obendrein eigentlich nicht zu den Vorstellungen von einer Hauslehrerin passte –, deren Bestreben aber, Menschen zu erziehen und zu bilden, bis zu ihrem Lebensende anhielt. **Bertha Sophia Felicita Freifrau von Suttner** (1843–1914), geboren als Gräfin Kinsky von Wchinitz und Tettau in Prag, hätte eigentlich ihrerseits Heerscharen von Dienstboten, Gouvernanten eingeschlossen, beschäftigen müssen. Doch entscheidende Fakten verhinderten dies: Zum einen hatte sie nicht den passenden reichen, möglichst aus dem Hochadel stammenden Ehemann gefunden, zum anderen aber erlebte sie das, was schon viele Frauen vor ihr in den Beruf getrieben hatte – ein finanzielles Desaster, da das väterliche Erbe verbraucht war. Allerdings gerieten ihre Mutter und sie nicht unverschuldet in Not, denn die Gräfin Kinsky hing der irrigen Vorstellung an, dass man in Spielbanken sein Vermögen vermehren könne. Immerhin aber hatte die kleine Komtesse, daheim von Privatlehrerinnen in mehreren Sprachen und in Musik unterrichtet und mit freiem Zugang zu einer opulenten Bibliothek ihres Vormundes, eine zwar unsystematische, jedoch für die damalige Zeit bemerkenswerte Bildung erhalten. Anders als ihre Geschlechtsgenossinnen aus den vornehmen Kreisen der k. u k. Monarchie war sie nicht in einer Klosterschule erzogen worden, deren Unterricht lediglich auf die Vorbereitung der zukünftigen Ehefrau zielte und Lektüren nur unter strengen Sittlichkeitsaspekten in »gereinigter« Form erlaubte. Die junge Bertha las sich durch die Weltliteratur von Shakespeare bis Schiller, von Dickens bis Balzac, und diese Belesenheit minderte ihre Heiratschancen genauso wie die Unstandesgemäßheit ihrer Mutter. Zwar bekam sie etliche Heiratsanträge, doch meistens von älteren und nur in puncto Vermögen attraktiven Männern. Auch ihre Pläne, eine gefeierte Sängerin zu werden, zerschlugen sich. Also gab es nur eine Möglichkeit: Die jungte Gräfin Kinsky musste Gouvernante werden, und sie fand eine Anstellung bei der Familie Suttner.

Der vermögende Baron Carl von Suttner führte ein großes Haus, und die junge Gräfin wurde zur Erziehung seiner vier halberwachsenen Töchter angestellt. Natürlich war es bemerkenswert, dass eine

Bertha von Suttner, Holzstich, 1895.

Gräfin die Kinder eines Freiherrn betreute, zugleich aber wurden die Beziehungen zwischen der Gouvernante und den jungen Mädchen sehr schnell familiär und herzlich. Bertha unterrichtete Sprachen und Musik ,und das mehrere Stunden täglich. In ihren Memoiren nennt sie die möglichen Gründe für die harmonische Beziehung zu den Schülerinnen. Sie kehre nicht die Würde ihrer dreißig Jahre heraus und auch nicht die Autorität ihrer Stellung, sondern man verkehre wie »Spielgefährten« miteinander. Bald war sie nicht mehr die »Gräfin«, sondern, da recht mollig, »Boulotte«, die Dicke – eine etwas ungewöhnliche Anrede für eine Lehrerin.

Doch dann geschah das, was vielen Gouvernanten erstrebenswert erschien: Bertha verliebte sich in Arthur, den Sohn des Hauses, sieben Jahre jünger als sie, und musste die Stellung verlassen, da die Suttners keine Einwilligung zur Heirat gaben. Immerhin half ihr die gnädige Frau, eine Stellung möglichst weit weg zu finden, und sie erhielt ein Angebot aus Paris von Alfred Nobel, der eine Sekretärin suchte. Dort blieb sie aber nur kurz, da es sie wieder nach Wien zog, wo sie und Arthur heimlich heirateten und anschließend nach Georgien reisten. Ein Leben unter ärmlichen Bedingungen und – wie sie schreibt – in großem Glück begann; der sehr kärgliche Lebensunterhalt wurde mit Schreiben bestritten. Erst nach der Rückkehr nach Österreich und mit dem pazifistischen Engagement in Zeitungsartikeln und Vorträgen begann für Bertha von Suttner gewissermaßen eine neue Existenz. Ihr Buch *Die Waffen nieder* (1889) war *der* grandiose, wenn auch nur scheinbar wirkungsvolle Roman gegen den Krieg. 1905 erhielt sie den Friedensnobelpreis – als erste Frau. Sie starb sieben Tage vor den Schüssen von Sarajevo.

Trotz aller Erschwernisse und Bedrückungen, die manchmal durch die emotionale Nähe zu den Schützlingen und die partielle Integration in andere gesellschaftliche Kreise aufgewogen wurden, war die Arbeit als Gouvernante für viele Frauen nicht selten eine befreiende Erfahrung. Sie war ein Schritt in die nur vorsichtig angestrebte Selbstständigkeit, von der man hoffte, sie könne in die Unabhängigkeit führen. Mitte des 19. Jahrhunderts arbeiteten zum Beispiel in Großbritannien – so eine Volkszählung – etwa 25 000 Gouvernanten,

es gab also mindestens 25 000 Frauen, die ihren Geschlechtsgenossinnen wie auch der Gesellschaft generell eine mögliche neue Rolle für ein erfülltes weibliches Leben zeigten. Um aber diese Entwicklung zu verstärken und zu befördern, brauchte es nicht nur die tägliche Arbeit für die Kinder in der relativen Verborgenheit eines Haushaltes in der Stadt oder auf dem Lande. Vielmehr war ein öffentliches Auftreten, ein eventuell auch polemisches Eintreten für die Rechte der Frau notwendig, und das galt vor allem für das Recht auf Bildung und Beruf.

Eine Mädchenklasse in Aufruhr.

2

Lehrerinnenbildung und Frauenrechte

oder:
Ohne Bildung keine Freiheit

»Die Menschheit, einschließlich der Frauen, wird durch ein höheres Maß an Freiheit als Folge einer richtigen Politik weiser und tugendhafter werden. [...] Auch werden die Frauen die Pflichten ihres Geschlechts erst dann erfüllen können, wenn sie aufgeklärte, freie Bürgerinnen sind, die ihren eigenen Unterhalt verdienen.«

2
Lehrerinnenbildung und Frauenrechte

Dies schreibt 1792, also drei Jahre nach Beginn der Französischen Revolution, **Mary Wollstonecraft** (1759–1797) in ihrer Streitschrift *A vindication of the rights of woman* (Eine Verteidigung der Rechte der Frau, 1792), die durchaus polemisch die Auseinandersetzung mit dem einflussreichen französischen Politiker Charles-Maurice de Talleyrand sucht. Dieser hatte in einer Vorlage für die Nationalversammlung empfohlen, Mädchen sollten im Gegensatz zu Knaben nur bis zum achten Lebensjahr die Schule besuchen und dann ausschließlich daheim unterrichtet werden. Schließlich würden nur Männer zu Bürgern und zu Dienern des Staates, also für öffentliche Wirksamkeit erzogen, während Frauen in der häuslichen Sphäre arbeiteten, und da genüge eine rudimentäre Bildung. Eine derartige Trennung stünde zwar im Widerspruch zu revolutionären Ideen und wäre ungerecht, doch nur so ließe sich das Glück aller erreichen. Ob Ungerechtigkeit das Glück der Frauen befördern würde, stand für den immer geschickt mit den Mächtigen paktierenden Bischof nicht zur Diskussion, und als ausgewiesener Liebhaber der Frauen sah er sich vielleicht selbst für das Glück der Weiblichkeit zuständig.

Wollstonecraft war empört, hatte sie doch als Gouvernante in Dublin und Leiterin einer Privatschule in London hinreichend praktische Erfahrungen sammeln können, um diese in dem noch sanftkonventionellen Ratgeber *Thoughts on the Education of Daughters* (1787) zu beschreiben und die Bedeutung einer guten Mädchenbildung herauszustellen. Der im wahrsten Sinne des Wortes selbst-»herrliche« Rapport von Talleyrand ließ sie kampfeslustig zur Feder greifen, um

---

Miss M. C. Dawes, erste weibliche Master-Absolventin der University of London, August 1884.

gleiche Rechte für Frauen einzufordern. Deren elementarstes Recht sei das Recht auf gleiche Bildung und Erziehung für Mädchen, damit sie als Frauen einen der nicht nur im damaligen Verständnis wichtigsten Berufe ausüben könnten: den der Lehrerin und Erzieherin in einer Schule oder im Haus. Die Gesellschaft korrumpiere intelligente Frauen und reduziere sie auf den Status einer Katze – nur nützlich, um Männer anzuschnurren und dafür ein Schälchen Sahne zu erhalten. Eine solche Kampfeslust war recht ungewöhnlich und für die meisten Mitmenschen wie auch für spätere Generationen irritierend. Aber Mary Wollstonecraft selbst war ungewöhnlich bis hin zur Radikalität; sie war unkonventionell und fühlte sich trotz vieler Probleme und Geld- und Beziehungsnöte unabhängig. Oder wie es Virginia Woolf, eine ihrer Bewunderinnen, in einer biografischen Skizze mehr als 100 Jahre später beschreibt: »Unabhängigkeit war die erste Notwendigkeit für eine Frau, nicht Grazie noch Charme, sondern Energie und Mut und die Macht, ihren Willen in die Tat umzusetzen.«

Mary Wollstonecraft, Schriftstellerin und die erste Frauenrechtlerin Englands, um 1790.

Um Historie live zu erleben und dabei eine unglückliche Liebe zu vergessen, reiste Mary Wollstonecraft nach Paris, obwohl ihre fortschrittlichen Ideen zu diesem Zeitpunkt einen Aufenthalt in der französischen Hauptstadt für sie nicht ungefährlich machten. Aber, so noch einmal Virginia Woolf über Wollstonecraft: »Die Revolution war somit nicht nur ein Ereignis, das außerhalb ihrer selbst stattgefunden hatte; sie war eine aktive Wirkkraft in ihrem eigenen Blut. Sie war ihr ganzes Leben im Aufstand gewesen – gegen Tyrannei, gegen das Gesetz, gegen die Konvention.« Bevor es wirklich gefährlich wurde, kehrte Wollstonecraft nach England zurück; das ersparte ihr das Schicksal einer Schwester im Geiste.

***

Die Frauenrechtlerin **Olympe de Gouges** (1748–1793) (*Déclaration des droits de la Femme et de la Citoyenne*, 1791) wurde wegen ihres Einsatzes für die Rechte der Frau und für eine vernünftige Mädchenbildung auf das Schafott geschickt. Auch wenn Wollstonecraft die unmittelbare Umsetzung ihrer Ideen versagt blieb, so überdauerte ihre Schrift die Jahrhunderte und nahm einen nicht geringen Einfluss auf die Frauenbewegung. Der Text hatte den Punkt markiert, der künftig für die Diskussion über die Rechte der Frau wesentlich blieb und nicht mehr negiert werden konnte: ohne Bildung keine Freiheit und ohne Beruf keine Unabhängigkeit, und das hieß für mehr als ein Jahrhundert: Unabhängigkeit durch Arbeit im Lehrberuf.

Kämpferischer Einsatz war nicht nur typisch für Wollstonecraft, sondern kann als ein Charakteristikum vieler Engländerinnen gelten, die sich besonders im 19. Jahrhundert für die Bildung, Ausbildung und damit für die politische Freiheit von Frauen einsetzten – und das über die Grenzen Englands hinaus wirksam. Hier entwickelte sich geradezu ein revolutionärer Habitus, der während der Suffragettenbewegung unter **Emmeline Pankhurst** auch auf gewalttätige Aktionen nicht verzichtete. Etwas zugespitzt formuliert, waren es die Frauen, die nach der »glorious revolution« von 1688/89 eine zweite Revolution in England zu initiieren suchten, dieses Mal nicht im Kampf um die Freiheit von etwas (absoluter Monarchie), sondern um die Freiheit zu etwas (politischen Entscheidungen). Und für diese Ziele gingen sie – anders als die Frauen auf dem Kontinent – streitbar auf die Straße und verharrten nicht mehr bescheiden und geduldig im viktorianischen Kämmerlein. Vor allem ließen sie sich auch nicht durch die wütende Drohung ihrer völlig verständnislosen Königin

Victoria – alle Frauenrechtlerinnen verdienten, ausgepeitscht zu werden – von ihrem Engagement abbringen.

Es ist aber ein Gebot der Fairness, darauf hinzuweisen, dass nicht wenige Männer sich für eine gründliche, anspruchsvolle und vor allem gleichwertige Bildung für Mädchen und Knaben einsetzten und dabei auch an eine gleichberechtigte Zulassung zum Universitätsstudium dachten. Häufig waren es Väter von Töchtern, die für diese eine sichere und unabhängige Zukunft wünschten, aber auch liberale Wissenschaftler und Politiker forderten ein Umdenken im Bildungsbereich. Als bemerkenswerter Repräsentant dieser Ansicht sei der Philosoph und Sozialreformer **Jeremy Bentham** (1748–1832) genannt, zu dessen wichtigsten Forderungen das allgemeine Wahlrecht, die Pressefreiheit und der Zugang von Frauen zur Universität gehört. Er gilt als einer der geistigen Urheber des University College London, gegründet 1827, das anders als Oxford oder Cambridge nicht religiös gebunden war und das als erste akademische Institution Frauen gleichberechtigt neben Männern zum Studium zuließ – allerdings fünfzig Jahre nach der Errichtung der Universität.

Bentham war sozial, liberal und exzentrisch, also nicht untypisch für sein Land, und wem dieser Habitus zu Lebzeiten des Philosophen nicht aufgefallen war, merkte die Exzentrik nach seinem Tode. Die Nachwelt kann noch heute mit Bentham auf stumme Weise kommunizieren: In seinem Testament bestimmte er, dass seine Leiche mumifiziert und anschließend ausgestellt werde, um der Nachwelt ein »Auto-Icon« (qua eine Ikone seiner selbst) zu zeigen. Die Mumifizierung misslang jedoch, der ausgestopfte Bentham – innen Stroh, außen eigene Kleider – bekam einen Wachskopf und wird noch heute in einem Glaskasten neugierigen Besuchern auf einem Flur des University College präsentiert; zuweilen wird er samt Kasten »verschoben« und darf dann an universitären Sitzungen »teilnehmen«.

Die Hauptlast aber, die Mädchen- und Frauenbildung zu befördern und den Beruf der Lehrerin von der Exotik in die Normalität zu überführen, lag bei den Frauen. Vor allem waren es jene, die durch glückliche Umstände, starken Willen und Eigensinn oder dank verständnisvoller Eltern ihrerseits hatten Lehrerin werden dürfen, oder

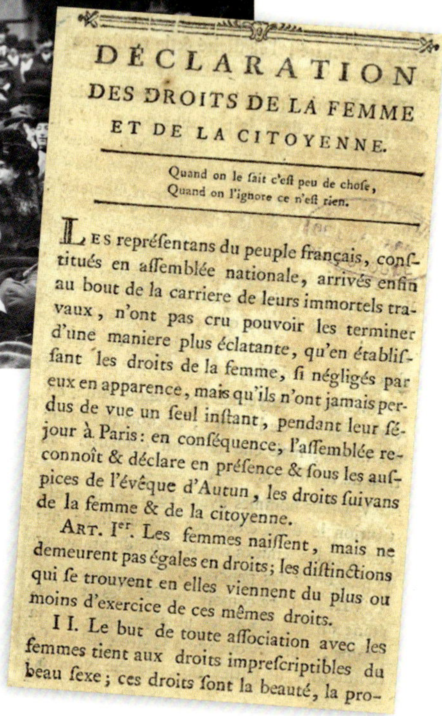

DÉCLARATION
DES DROITS DE LA FEMME
ET DE LA CITOYENNE.

Quand on le ſait c'eſt peu de choſe,
Quand on l'ignore ce n'eſt rien.

Les repréſentans du peuple français, conſtitués en aſſemblée nationale, arrivés enfin au bout de la carriere de leurs immortels travaux, n'ont pas cru pouvoir les terminer d'une maniere plus éclatante, qu'en établiſſant les droits de la femme, ſi négligés par eux en apparence, mais qu'ils n'ont jamais perdus de vue un ſeul inſtant, pendant leur ſéjour à Paris : en conſéquence, l'aſſemblée reconnoît & déclare en préſence & ſous les auſpices de l'évêque d'Autun, les droits ſuivans de la femme & de la citoyenne.

Art. Ier. Les femmes naiſſent, mais ne demeurent pas égales en droits ; les diſtinctions qui ſe trouvent en elles viennent du plus ou moins d'exercice de ces mêmes droits.

II. Le but de toute aſſociation avec les femmes tient aux droits impreſcriptibles du beau ſexe ; ces droits ſont la beauté, la pro-

Die Britin Emmeline Pankhurst begründete 1903 die Suffragetten-Bewegung. Hier zu sehen inmitten einer Menschenmenge bei einer Kundgebung auf der New Yorker Wall Street, 1911.

Die von der Frauenrechtlerin Olympe de Gouges verfasste Schrift »Déclaration des droits de la femme et de la citoyenne« (»Erklärung der Rechte der Frau und Bürgerin«) aus dem Jahre 1791.

solche, die sich in Zirkeln zusammenfanden, um gemeinsam für weibliche Interessen einzutreten. In England gab es verschiedene informelle, aber einflussreiche Gruppierungen wie die Bluestockings, die sich in der zweiten Hälfte des 18. Jahrhunderts zusammenfanden und deren Name zu einem – nicht immer positiven – Synonym für gelehrte Frauen wurde; dabei rührte er sinnigerweise von einem blau bestrumpften Mann dieser Gruppe her. Der Begriff Blaustrümpfe gelangte dann auch auf den Kontinent und wurde zum Beispiel in Deutschland ebenfalls negativ konnotiert.

Einflussreich waren ferner die »Ladys vom Langham Place« wie auch die Ladys der »Kensington Society«. Sie trafen sich regelmäßig in einem vornehmen Haus am Langham Place in London, aber nicht zu

Teekränzchen, sondern um die Sache der Frauen und ihrer Rechte zu diskutieren und aktiv zu befördern. Sie wollten deutlich machen, dass Bildung und Freiheit, Ausbildung und Unabhängigkeit einen untrennbaren Zusammenhang bilden, und insofern stellten Engländerinnen eine Art Avantgarde dar im Engagement für Professionalisierung im Erziehungs- und Bildungsbereich.

Damit war auch der Kampf aufgenommen gegen den »Angel in the House«; in der gleichnamigen Dichtung aus vier Gesängen feierte der Lyriker Coventry Patmore (1823–1893) die ideale Ehefrau. Dieser Engel flog durch das viktorianische Haus und war dafür verantwortlich, dass die Frau demütig und unterwürfig dem Manne diente, und das einzige Recht, das ihr von diesem angeblichen Himmelsboten zugestanden wurde, war die Aufopferung für den Ehemann. Vorgelebt wurde ein solches Frauenideal im 19. Jahrhundert von Victoria, die zwar als Königin öffentlich über ihre Untertanen herrschte, hinter den Mauern des Palastes aber eine Untertanin ihres Ehemannes war. Jener seltsame Engel kreuzte auch durch deutsche Haushalte, in denen – nach Friedrich Schiller – die züchtige Hausfrau waltete. Ein Kampf gegen diesen ungebetenen Hausgenossen aber war keine unfromme, sondern eine höchst verdienstvolle Tat im Interesse der Frauen, wie die Schriftstellerin Virginia Woolf feststellt, denn dieser Engel behindere nicht nur die Arbeit einer Schriftstellerin, sondern die aller Frauen, die nach Unabhängigkeit strebten.

***

Das Erreichen einer solchen Unabhängigkeit war auch für **Emily Davies** (1830–1921), eine der Frauen vom Langham Place und Tochter eines Pfarrers, das zentrale Anliegen ihrer Arbeit. Ihr war bewusst, dass die Forderung nach einer höheren Schulbildung für Mädchen und einer Berufstätigkeit für Frauen mit den viktorianischen Vorstellungen vom wahren Wesen der Weiblichkeit kollidierte. Als Suffragette gehörte Davies eher zum pragmatisch-friedlicheren Flügel der Bewegung, und sie lehnte die militanten Aktivitäten ihrer Schwestern im Geiste – zu denen zum Beispiel die Steine werfenden Pankhursts

gehörten – ab. Doch für die höhere Mädchenbildung und die sich daraus ergebende Möglichkeit, Lehrerin zu werden, marschierte sie auf einen Kreuzzug »durch die Institutionen«. Wichtig war nämlich, dass Lehrerinnen anders als bisher Gouvernanten eine umfassende Ausbildung erhielten, die über die Zufälligkeiten einer häuslichen Erziehung hinausging. Das wiederum schuf ein neues Problem. Wurden

Ihr Hauptanliegen war das Frauenwahlrecht, aber die Suffragetten traten natürlich auch für Mädchen- und Frauenbildung ein.

bis dahin junge Frauen Gouvernanten, so meistens, um einer ökonomischen Notsituation zu entkommen. Die künftigen Lehrerinnen aber planten gezielt ihre berufliche Entwicklung, und das stand im Widerspruch zu den Weiblichkeitsvorstellungen der Mittelstandsfamilien, aus denen sie sich rekrutierten – Töchter aus adeligen Häusern kamen seltener in solche Emanzipationsversuchungen. Emily Davies zeigt in ihrer Person gewissermaßen augenfällig die notwendige Verbindung von Bildung und Freiheit, und auch ihr Porträt – das Bild einer scheinbar sanften Dame mit Rüschenhäubchen und Rüschenkragen – darf nicht darüber hinwegtäuschen, dass der intensive Kampf für Emanzipation und Bildung mit Sanftheit nicht zu leisten gewesen wäre.

Davies musste gegen patriarchalische Vorstellungen angehen, die nicht nur von Männern vertreten wurden. Immer noch hieß es in weiten Kreisen, der eigentliche Beruf einer Frau sei der einer Tochter, Ehefrau, Mutter und Herrin des Haushaltes, was für Männer bequem und für viele Frauen – ebenfalls bequem war. Davies aber hatte erkannt, dass zur politisch-sozialen Gleichberechtigung auch die gleichen Bildungspflichten und Examensanforderungen gehörten, um nicht durch die zwar inakzeptable, aber ständig geübte Hochnäsigkeit vieler männlicher Akademiker ins Abseits gestellt zu werden. Selbst als Frauen ab 1878, wenn auch unter Restriktionen, in Cambridge und Oxford studieren konnten, waren sie für etliche Universitätslehrer gewissermaßen unsichtbar. So wird berichtet, ein Professor, der seine Studenten wie Studentinnen ausschließlich mit »Gentlemen« ansprach, habe den Hörsaal, in dem ausnahmsweise nur Frauen saßen, mit den Worten verlassen: »Da hier niemand ist, halte ich heute keine Vorlesung.« Spätestens solche Unverschämtheiten machen deutlich, wie nötig die Universitäten weibliche Professoren brauchten – doch das dauerte noch!

Davies wollte die jungen Frauen an die Universität bringen, da Lehrerinnen eine ebenso qualifizierte Ausbildung benötigten wie ihre männlichen Kollegen, doch die Colleges in Oxford und Cambridge lehnten die Zulassung von Studentinnen ab. Also gründete Davies 1869 das erste College für Frauen, das 1873 in den kleinen Ort Girton

Das Somerville College in Oxford, gegründet 1879.

Emily Davies, Gründerin des ersten Colleges für Frauen im englischen Girton.

nordwestlich von Cambridge zog. In den Anfangsjahren war Davies auch die »Mistress«, die Leiterin des Colleges, und konnte gewissermaßen als »Oberlehrerin« an der Verwirklichung ihrer Ziele arbeiten. Die Gebäude des Colleges glichen wahren Trutzburgen gegen Eindringlinge von außen; eine Immobilie in Cambridge selbst mit seinen vielen jungen studierenden Männern wäre nach damaligem Verständnis wohl zu gefährlich für die jungen Damen gewesen. Aber auch der »Engel im Haus« blieb hier glücklicherweise ausgeschlossen!

In Girton fanden sich erstmals junge Frauen zusammen, die als Residenten in einem »akademischen Arkadien« lebten und damit ein Terrain erobert hatten, das bis dahin nur den Männern vorbehalten war. Nicht wenige der Studentinnen fühlten sich wie im Paradies, da sie – trotz aller Lehrplanvorgaben – endlich das Bewusstsein

von Selbstständigkeit und Eigenverantwortung bekamen; sogar die abendlichen Gespräche bei Tee oder Kakao waren etwas Besonderes. Diese Treffen – so später die deutsche Lehrerin und Frauenrechtlerin Helene Lange – traten an die Stelle studentischer Kommerse und hinterließen gewiss weniger Kopfschmerzen. Die Studentinnen wurden darauf vorbereitet, dieselben Examina abzulegen wie die Studenten der Traditionscolleges.

1887 errang Frances Ramsay von Girton ein »First« im klassischen Tripos, und 1890 wurde eine Studentin von Newnham, dem anderen Frauencollege in Cambridge, die Beste in der Mathematikprüfung. Allerdings erfuhren die Studentinnen eine extreme Einschränkung in ihrer Karriere: Sie erhielten nicht die ihnen eigentlich zustehenden akademischen Grade verliehen. Die Zulassung von Frauen zur

Feuerwehr des Girton-Colleges, gestellt von den Studentinnen.

Graduierung, also den wichtigen Schritt zur Gleichberechtigung, verhinderten mehrfach pöbelnde und marodierende Studenten. Erst 1948 durften auch Frauen in Cambridge ihren »degree« am sogenannten »graduation day« empfangen – in Oxford bereits 1920. Dennoch konnten weder studentische Hooligans noch misogyne Professoren den Zugriff der Frauen auf akademische Qualifikationen und damit anfangs vor allem auf den Lehrberuf aufhalten. Eine Statistik des Newnham College von 1895 zeigt, dass von 720 Absolventinnen 374 Lehrerinnen wurden, bei Girton waren es 123 von 335. Heirat, so jedenfalls diese Aufstellung, war für einen erheblich geringeren Teil attraktiv, was sehr deutlich den Wandel in gesellschaftlichen Verpflichtungen des Bürgertums zeigt.

Zusammen mit Emily Davies und ihren Mitkämpferinnen waren es vor allem zwei andere Ladys, die durch ihren Einsatz den Grundstein legten für die Qualifikation von Frauen – Frances Buss und Dorothea Beale. Beide waren selbst Pädagoginnen, die während ihrer Arbeit zahlreiche Mängel des damaligen Mädchenschulwesens erkannten. Zu deren Behebung wirkten sie bei der Gründung neuer Schulen mit, um für künftige Lehrerinnen die angemessenen Bildungsvoraussetzungen zu schaffen. **Frances Buss** (1827–1894) hatte bereits in ihrer Jugend in der Schule ausgeholfen, die sie im nördlichen Londoner Stadtteil Hampstead besuchte. Der Vater, ein Maler und Radierer, verdiente nicht genug, um die Familie finanziell zu sichern, und so gründete die Mutter zusammen mit ihrer Tochter eine Schule nach den Prinzipien des Schweizer Pädagogen Pestalozzi, in der fast alle Familienmitglieder unterrichteten. Da Frances ihre eigene Ausbildung nicht hinreichend erschien, belegte sie Vorlesungen am neuen Queen's College in der Londoner Harley Street, das seit seiner Gründung 1848 unter dem Protektorat der jeweiligen Königin steht. Der für die damalige Zeit außergewöhnliche Unterricht, an dem sie hier teilnehmen konnte, prägte Buss für ihr ganzes Leben und bestimmte ihre Arbeit als Lehrerin, da sie erkannte, welchen Wert Bildung für die Existenz einer Frau hat. Als Konsequenz dieser Erfahrung tat sie das, was auch heutzutage viele Lehrerinnen (und auch Lehrer) gerne tun würden – sie gründete 1850 eine eigene Schule, die

North London Collegiate School (NLCS). Dieses Institut war die erste Lehranstalt in England, die Mädchen die gleiche Bildung offerierte, wie sie Knaben in ihren Public Schools erhielten. Buss wurde auch die erste Direktorin der Schule, und sie war die erste Frau, die den Titel Headmistress führte. So war ihre Gründung der Association of Head Mistresses von Privatschulen, deren erste Präsidentin sie ebenfalls war, nur folgerichtig. Mit diesen Aufgaben erhielt sie großen Einfluss auf die Gestaltung von Mädchenschulen. Nach ihrem Tode übernahm ihre ebenso prominente Kollegin Dorothea Beale dieses Amt – und diesen Einfluss.

Frances Buss entwickelte zusammen mit ihrem Team die NLCS zu einer der erfolgreichsten Schulen des Landes und zeigte damit allen Skeptikern, dass auch eine Frau die Autorität besaß, ein großes Kollegium und eine noch größere Anzahl an Schülerinnen zu leiten und zu fördern. Schon damals waren die Aufgaben einer Schulleiterin im Wesentlichen denen eines Managers vergleichbar, denn eine Schulleiterin ist damals wie heute zwar nicht für alles zuständig, wohl aber für alles verantwortlich. Von großer Gewichtigkeit war die Über-

HONOUR TO AGNETA FRANCES RAMSAY!
(CAMBRIDGE, JUNE, 1887.)

Die Karikatur zeigt Agneta Frances Ramsay, die 1887 das »Classical honours tripos« (das dreijährige Studium klassischer Literatur der Universität Cambridge) mit Auszeichnung abschloss.

Frances Buss, Gründerin und Leiterin der North London Collegiate School für Mädchen.

wachung der Disziplin, und als eine Besonderheit in England, die erst 1987 vom Parlament abgeschafft wurde, kann die Prügelstrafe gelten, die zwar an Mädchenschulen zurückhaltend angewandt wurde, deren »Exekution« aber dann meistens der Schulleiterin oblag. Die NLCS gibt es noch heute, und noch heute gehört sie zu den besten Schulen im Lande. Im Bewusstsein der Tradition gedenkt die Schulgemeinde jährlich am »Founders Day« Frances Buss, und rührenderweise bringen an diesem Tag alle Schülerinnen eine Narzisse mit, die Lieblingsblume der Gründerin!

Neben Buss war es **Dorothea Beale** (1831–1906), die unter den Lehrerinnen des 19. Jahrhunderts einen der prominentesten Plätze einnimmt. Aufgewachsen mit zehn Geschwistern, fühlte sie sich schon früh zum Unterrichten berufen – nachhaltig unterstützt von ihrem Vater, einem Mediziner. Anfangs zu Hause erzogen, besuchte auch sie das Londoner Queen's College, wo sie später als Tutorin für Mathematik lehrte. 1858 wurde sie aus zahlreichen Bewerberinnen für das Amt der Direktorin des Cheltenham Ladies' College ausgewählt, das sie bis zu ihrem Tode innehatte. Unter ihrer Leitung entwickelte sich die Bildungsstätte zu einer der besten und angesehensten Mädchenschulen des Landes und sie selbst zu einer der angesehensten Principals. Ihr war es wichtig, über den nationalen Tellerrand zu schauen, und so besuchte sie zahlreiche Lehranstalten auf dem Kontinent, darunter die Diakonissenanstalt in Kaiserswerth, die Ausbildungsstätte von Florence Nightingale. So modern sie auch in ihren pädagogischen Vorstellungen war, so altmodisch erschienen bereits den Schülerinnen manche Gewohnheiten im College. Alle mussten trotz der Erfindung der Stahlfeder mit Gänsekielen schreiben – zwei Jungen waren extra zum Schneiden der Federn angestellt –, und es wird berichtet, der (Schreib-)Lärm bei Prüfungsarbeiten sei unbeschreiblich gewesen.

Nur wenige Lehrerinnen, die sich an der Schule bewarben, waren so gut ausgebildet, dass sie den Ansprüchen von Miss Beale genügen konnten. Um dem steigenden Bedarf bei wachsender Schülerinnenzahl gerecht zu werden, sorgte die Direktorin 1885 für die Errichtung des »Training Department for Teachers«; es war die erste Ausbildungsanstalt für Lehrerinnen auf der Insel. Und da sie es – vorausschauend wie sie war – für sinnvoll hielt, dass die angehenden Lehrerinnen wenigstens für ein Jahr die anregende akademische Atmosphäre einer Traditionsuniversität erfahren sollten, gründete sie 1893 das St Hilda's College in Oxford, das erst seit 2008 auch junge Männer hinter seine neogotischen Mauern lässt. Dorothea Beale war eine der angesehensten und einflussreichsten Schulleiterinnen ihrer Zeit, die Universität Edinburgh verlieh ihr sogar einen Ehrendoktor. Selbst recht uneitel, nahm sie die Ehrung vor allem als Anerkennung für ihre Schule. Besonders hervorzuheben aber sind ihre Autorität, ihr Durchsetzungsvermögen und ihr Selbstbewusstsein, was nicht nur zu der damaligen Zeit für Frauen in Führungspositionen dringend geboten war. Durch Cheltenham und Umgebung fuhr sie häufig mit einem Tricycle, und sie zögerte nicht, Hilfe herbeizuzitieren, wenn sie derer bedurfte. Es wird berichtet, sie habe, als sie einen Hügel nicht aus eigener Kraft schaffte, den vorbeigehenden Headmaster einer Knabenschule wie selbstverständlich herbeigerufen mit den Worten: »Young man! Young man! Push me up this hill!« Und er tat es! Da sie über die wichtigste Eigenschaft einer Lehrperson, nämlich Empathie verfügte, war sie, obwohl streng, bei ihren Schülerinnen beliebt; während der regelmäßigen Treffen gedachten die »old girls« ihrer dankbar. 1906 starb Dorothea Beale nach schwerer Krankheit; der Trauergottesdienst wurde in der Kathedrale von Gloucester gefeiert.

Das Cheltenham Ladies' College, gegründet 1853.

Dorothea Beale, langjährige Direktorin des Cheltenham Ladies' College. Für ihre Autorität, ihr Durchsetzungsvermögen und Selbstbewusstsein bekannt, zählte sie zu den prominentesten Lehrerinnen ihrer Zeit.

Dort fand sie auch ihre letzte Ruhestätte in der Nähe von Königen, Prinzen und Bischöfen – ein bemerkenswertes Beispiel für Gleichberechtigung!

In gewisser Hinsicht hatten es die Frauen in England leichter als beispielsweise jene in Deutschland, Veränderungen im Bildungssystem für Mädchen und die Berufstätigkeit für Frauen zu erreichen, da unabhängig von ihrem jeweiligen beruflichen Wirkungskreis fast alle Fäden in London zusammenliefen. Erst nach Gründung des Deutschen Reiches 1871 konzentrierten sich politische Aktivitäten verstärkt auch in der deutschen Hauptstadt, und deshalb sammelten sich die Kämpferinnen für Frauenrechte ebenfalls in Berlin. Ihnen ging es nicht etwa um eine »Frauenquote«, sondern darum, dass Mädchen und Frauen überhaupt in der Perspektive der Öffentlichkeit

erschienen und ihre Bedeutung für die Kultur des Staates und seiner Menschen erkannt wurde.

Eine der Ersten, die sich publizistisch zu Fragen von Erziehung und Unterricht äußerten und diese praktisch zu verwirklichen suchten, war eine Hanseatin aus Bremen. **Betty Gleim** (1781–1827), als Tochter eines Weinhändlers geboren, wuchs in einem großbürgerlichen Haushalt auf, in dem die – natürlich private und teilweise autodidaktische – Bildung des Mädchens den Eltern wichtig war. Ihren Verwandten, den Dichter Johann Wilhelm Ludwig Gleim, besuchte sie häufig in Halberstadt und erfuhr so die intellektuell anregende Gesellschaft seines literarischen Freundeskreises, zu dem viele prominente Autoren der Aufklärung gehörten wie Friedrich Gottlieb Klopstock und Johann Gottfried Herder. Auch wenn sie in diesem Kreis problemlos akzeptiert war, so wurde ihr die Wichtigkeit einer regulären Bildung von Frauen immer deutlicher. Zwar war es ein durch den Tod des Vaters verursachter finanzieller Engpass, der Betty Gleim veranlasste, Lehrerin zu werden, doch sie hatte schon früh ein großes Interesse an Erziehung und Bildung.

Mädchenturnen, um 1880.

Und da es natürlich für Knaben entsprechende Ausbildungsstätten gab, für Mädchen aber nur unzureichende »Winkelschulen«, eröffnete sie 1806 in Bremen eine Höhere Lehranstalt für Mädchen, an der sie auch selbst unterrichtete – unter anderem Mathematik, Geschichte und Geografie.

Vermutlich ist Betty Gleim der (hanseatischen) Nachwelt vor allem durch ihr *Bremisches Kochbuch* bekannt, und dieses enthält sehr viel mehr Köstlichkeiten für die Männerwelt als ihr wegweisender Band *Erziehung und Unterricht des weiblichen Geschlechts: ein Buch für Eltern und Erzieher*, der 1810 erschien. In diesem bricht sie eine Lanze für die Mädchenbildung und für die Selbstständigkeit der Frau. Damit aber rührt sie an festgefügten (Vor-)Urteilen, die zu überwinden es etliche Generationen brauchte. Besonders deutlich formuliert jene der – eigentlich progressive – Feuilletonist Ludwig Börne, und zwar in seinen Ausführungen zur Mädchenbildung 1828, also nach Gleim; dabei steht er in der langen Tradition derer, die den »Engel im Haus« bewundern. Börne schreibt in einer Rezension über ein Buch zur Mädchenbildung: »Werde der Knabe, wie es üblich ist, *für* die Welt erzogen, dass er sich ihr schmiege. Das Mädchen aber wird für die Häuslichkeit gebildet, und diese wechselt nicht. Zwar treten auch Frauen oft genug in die Welt hinaus; aber wo sie aufhören häuslich zu sein, hören sie auf Frauen zu sein.«

Diese ignorante, aber gesellschaftlich akzeptierte Borniertheit zeigt besonders deutlich, mit welcher Gegnerschaft sich die Frauen auseinandersetzen mussten, die gleiche Rechte für sich und ihre Geschlechtsgenossinnen einforderten. Betty Gleim schreibt relativ zurückhaltend und nicht mit der Verve einer Mary Wollstonecraft, doch lässt sie es an Deutlichkeit nicht fehlen, wohl wissend, dass Polemik in bürgerlichen Kreisen kontraproduktiv sein kann. Sie stellt in dem oben genannten Buch fest: »Ja gewiss, es kann nicht geleugnet werden, das weibliche Geschlecht ist [...] einer wahren Größe fähig, aber seit Jahrtausenden unterliegend dem Rechte des physisch Stärkeren, mehr noch dem Vorurteile, als sei das Weib nur des Mannes wegen da, und nur insofern etwas wert, als es dem Manne gefalle und diene.« Weiter heißt es, als auf die Bedeutung einer angemessenen Erziehung hingewiesen wird: »Die Frauen regieren die Welt; mögen die Männer dies nun hören oder nicht. Von ihrer Beschaffenheit hängt das Wohl und Weh [...] des Ganzen ab; wie sie sind, wird das Menschengeschlecht sein.« Deshalb ist ihre wesentliche Forderung für die Zeit revolutionär, Mädchen und Knaben müssten in ihrer Erziehung und Bildung in gleicher Weise, das heißt auch in den gleichen Fächern, unterrichtet werden und hätten denselben Ansprüchen zu genügen. Betty Gleim war bereits die Frau, zu der sie die Mädchen in Bremen erziehen wollte: gebildet, engagiert, selbstständig und auch sportlich. An einen befreundeten Gymnasialdirektor schreibt sie von ihren regelmäßigen Reitausflügen – im Damensattel, versteht sich. Dass Gleim in vielen Sätteln gerecht war, zeigt auch ihr erfolgreiches, auflagenstarkes *Bremisches Kochbuch*. Jedoch bleibt ein wichtiges Fazit: Kochbücher schreiben konnten viele Frauen, sich für die Bildung von Mädchen und die Ausbildung von Lehrerinnen einsetzen konnten sehr viel weniger, denn für Letzteres brauchte man mehr Mut als beim Werkeln am Herd. Insofern hätte Betty Gleim – zumindest posthum und zumindest bei den Frauen mit ähnlichem Anliegen – mehr Anerkennung verdient, als ihr letztlich zuteilwurde. Das außerordentlich aktive Leben und gesundheitliche Beschwerden hatten sie erschöpft – sie starb 1827, noch nicht 46 Jahre alt, in den Armen ihrer Freundin, wie ein Biograf später schrieb.

***

Der Kampf für Bildung und für das Recht der Frauen, Lehrerin zu werden und damit die Mädchenbildung und die weibliche Unabhängigkeit zu befördern, war das Konstituens der Frauenbewegung im vorletzten Jahrhundert. Und deshalb ist es kein Zufall, dass die prägenden Persönlichkeiten dieser Bewegung Lehrerinnen waren oder wenigstens eine entsprechende Ausbildung erhalten hatten, auch wenn sie den Beruf nur kurz oder gar nicht ausübten. Die Bedeutung, die Lehrerinnen für das Ringen der Frauen um Gleichberechtigung in Bildung und Politik, in der Erlangung von Qualifikation und Stimmrecht hatten, kann nicht hoch genug gewertet werden.

»... zum Schluß unserer Vorstandsitzung möchte ich beantragen, daß unsere Kommilitonin Eulalia Müller aus unserem Verein entfernt und in Verruf gesteckt wird: das Ferkel hat sich verlobt.« – So gibt der Simplicissimus (4. Jg., 1900) die Auffassung der Männerwelt von verruchten und männerverabscheuenden Studentinnen wieder.

Allerdings ließ in Deutschland, anders als in England, ein aktiver Einsatz lange auf sich warten und beschränkte sich eher auf einzelne Aktionen einzelner Frauen. So gab es zum Beispiel in der ersten Hälfte des 19. Jahrhunderts die Unternehmungen von **Charlotte Paulsen** (1797–1862), **Emilie Wüstenfeld** (1817–1874), **Amalie Sieveking** (1794–1859) oder **Elise Averdieck** (1808–1907), die – teilweise im Zusammenhang mit anderen Wohltätigkeitsunternehmen – Schulen gründeten und für Mädchenbildung eintraten. Diese Frauen entfalteten ihre Tätigkeit in Hamburg, das in Bezug auf Mädchen- und Frauenbildung in Deutschland bemerkenswert fortschrittlich war. Nur langsam setzte sich überall die Erkenntnis durch, es bedürfe für eine qualifizierte Bildung der Mädchen auch einer besonderen Qualifikation der Lehrerinnen, und deshalb sei eine Neugestaltung der Lehrerinnenausbildung nötig. Zunehmend wurden an Höhere Mädchenschulen Lehrerinnenseminare angeschlossen, auf die jene jungen Frauen nach Abschluss ihrer Schulbildung gehen konnten.

Lehrerinnen des Mädcheninternates Stift Keppel in Hilchenbach; dort gibt es heute ein sehenswertes Schulmuseum.

Ihre praktischen Erfahrungen sammelten sie nicht selten in den unteren Klassen der Schule, die sie gerade verlassen hatten.

Das erste staatliche Lehrerinnenseminar wurde 1814 in Bayern gegründet, in Westfalen geschah dieses 1832 in Münster und Paderborn. Eines der bedeutendsten preußischen Seminare entstand in Droyßig; besonderes Renommee hatten die Luisen-Stiftung und die Königliche Augusta-Schule in Berlin. Ebenfalls unter königlicher Schirmherrschaft stand das Stift Keppel nahe Hilchenbach im Siegerland, das von allen Mädchenbildungsstätten in Deutschland mit auf die längste Geschichte zurückblicken kann. Seit seiner Gründung 1235 war es unter anderem Nonnenkloster, Damenstift, Lyzeum und Lehrerinnenseminar. Mit dem Examen, das etwa seit Mitte des 19. Jahrhunderts möglich war, konnten die Absolventinnen aber nur an Elementarschulen oder Privatschulen unterrichten.

Im Übrigen waren noch 1914 von 204 Ausbildungsstätten für Lehrkräfte bloß 16 für Lehrerinnen vorgesehen. Der Wunsch nach einer universitären Ausbildung nahm zu und brauchte Unterstützung, doch erst die politische, revolutionäre Entwicklung in Deutschland Mitte des 19. Jahrhunderts bewirkte ein Erstarken der Frauenbewegung und einen organisatorischen Zusammenschluss vieler Frauen, wodurch deren Ziele in der Öffentlichkeit zunehmend präsent wurden.

***

Die Geschichtsschreibung datiert den Beginn einer institutionalisierten Frauenbewegung auf das Jahr 1865, in dem der Allgemeine Deutsche Frauenverein (ADF) in Leipzig gegründet wurde. Da die Gründung im Oktober, dem Monat der Völkerschlacht von 1813, stattfand, karikierten einige Zeitungen die Veranstaltung als »Leipziger Frauenschlacht«, was der Aufbruchsstimmung der vielen Frauen, die zusammengekommen waren, mitnichten gerecht wurde. Vor allem unterschlugen die Spötter mit dem Wortspiel, das sich bei der Tragik der Völkerschlacht eigentlich von selbst verbietet, einen gravierenden Unterschied: Die Schlacht gegen Napoleon dauerte vier Tage und forderte unzählige Opfer, der Kampf der Frauen um Bildung dauerte viele Jahre (und hält bis heute an), und geopfert wurden nur viele Ungerechtigkeiten. Die einzige, ansatzweise zutreffende Gemeinsamkeit wäre höchstens, dass es sich um eine »Befreiungsschlacht« handelte. Zur Vorsitzenden des Vereins wurde **Louise Otto-Peters** (1819–1895) aus Meißen gewählt, die bereits im Elternhaus mit politischen Diskussionen vertraut und im Zusammenhang mit den Ereignissen von 1848 selbst politisch aktiv wurde. Ihr Einsatz für freiheitlich-demokratische Rechte und ihre publizistische Arbeit wurden von der Staatsmacht misstrauisch überwacht und häufig sanktioniert. Da alle Widerstände nur ihren Widerstand und ihren Einsatz für die Frauenfrage stärkten, fiel ihr das Amt der Vorsitzenden fast zwangsläufig zu, und sie übte es für mehrere Jahrzehnte aus.

Als zweite Vorsitzende wählte man **Auguste Schmidt** (1833–1902) aus Leipzig, die bereits 15 Jahre als Lehrerin und als Schulleiterin gearbeitet hatte und deshalb für das Hauptanliegen des Vereins besonders kompetent eintreten konnte. Sie galt als eine der vielseitigsten und wichtigsten Vertreterinnen der bürgerlichen Frauenbewegung, da sie nicht nur eine gute Rednerin war, sondern auch verschiedene Lehrerinnenvereine mitgründete, eine Zeitschrift herausgab und als Vorsitzende des Bundes Deutscher Frauenvereine wirkte. Allerdings ist sie heute – im Gegensatz zu vielen ihrer Mitstreiterinnen – kaum noch bekannt, obwohl eine Publikation von 1907 sie zu den Begründerinnen der deutschen Frauenbewegung zählt. Immerhin macht ihre Wahl in den Vorstand deutlich, welche Rolle zukünftig Lehrerinnen übernehmen sollten und mussten. Von wesentlicher Bedeutung nämlich ist der erste Paragraf der Statuten des ADF, der die künftige Arbeit von Frauen und für Frauen klar benennt: *»Der Allgemeine Deutsche Frauenverein hat die Aufgabe, für die erhöhte Bildung des weiblichen Geschlechts und die Befreiung der weiblichen Arbeit von allen ihrer Entfaltung entgegenstehenden Hindernissen mit vereinten Kräften zu wirken.«*

Wenn man im Bild der »Befreiungsschlacht« bleiben will, so ist als eine der Frauen, die sich mit Energie in das publizistische Schlachtgetümmel stürzten, **Hedwig Dohm** (1831–1919) zu nennen, geboren als Marianne Adelaide Hedwig Schlesinger in Berlin. Besonders zwischen 1872 und 1876 veröffentlichte sie ironisch-polemische Schriften, wie man sie zuvor in Deutschland kaum von Frauen kannte, vielleicht auch Frauen nicht zugetraut hätte. Mit diesen Texten, ungemein angriffslustig und ungemein sarkastisch, erregte Hedwig Dohm Aufsehen und natürlich auch Missbilligung, und Letztere nicht nur von jenen Männern, die sie angriff, sondern auch von Frauen, die ihre verbale Aggressivität nicht schätzten.

Hedwig Dohm, Frauenrechtlerin und Schriftstellerin aus Berlin, bekannt für ihre provokativen, ironisch-polemischen Schriften.

Dohm entstammte einer Familie mit 18 Kindern, von denen – wie üblich – nur die Knaben ein Gymnasium besuchten, die junge Hedwig aber im Alter von 15 Jahren die Schule verlassen und im Haushalt helfen musste. Die Verärgerung über diese Benachteiligung als Mädchen war später das wesentliche Motiv für ihre emanzipatorische Arbeit. Immerhin durfte sie ein Lehrerinnenseminar besuchen, wodurch sie genaueren Einblick in pädagogische Aufgaben erhielt, zugleich aber auch erkannte, dass die Ausbildung von Lehrerinnen (und damit auch die von Schülerinnen) unzureichend war. Sie heiratete jung den leitenden Redakteur des Satireblattes *Kladderadatsch* Ernst Dohm, den ein Bankier als immer witzig und niemals zahlungsfähig charakterisierte. Mit ihm führte sie in Berlin ein großes Haus, in dem die künstlerische und literarische Prominenz der Zeit verkehrte. Auch nach dem Tod ihres Mannes behielt Hedwig Dohm den Jour fixe

bei, beteiligte sich an politischen Diskussionen, und anders als ihre bürgerlichen Mitstreiterinnen setzte sie sich auch für das Stimmrecht für Frauen ein. Ihr soziales Engagement war also erheblich weiter und erheblich revolutionärer gefasst als das der zwar auf Reformen zielenden, aber stärker konsensorientierten Frauenbewegung.

Umso enttäuschter dürfte sie möglicherweise gewesen sein, als ihre Enkelin Katia Pringsheim, die extern Abitur gemacht hatte und mit Sondergenehmigung in München Naturwissenschaften studierte, alles aufgab, um zu heiraten – immerhin hieß der Zukünftige Thomas Mann.

Hedwig Dohm griff frontal und außerordentlich aggressiv all jene hochmögenden Männer an, die als Professor, Pfarrer, Mediziner

Unterricht an einer Höheren Mädchenschule, um 1908.

meinten, sie wüssten, was Frauen könnten und, vor allem, was sie dürften und was man ihnen verbieten müsste. Diese Herren waren vermutlich höchst erstaunt und indigniert, derart von einer Frau vorgeführt und lächerlich gemacht zu werden. Ein von Dohm besonders geschätzter Sparringspartner war der Münchner Anatom Theodor von Bischoff, dem sie 1874 in dem Essay *Die wissenschaftliche Emancipation der Frau* einen »technischen K.o.« bescherte. Bischoff behauptete, die Frau sei zur Wissenschaft ungeeignet, da sie zu emotional sei. Schon diese These führt Dohm mit einem (fiktiven) Beispiel ad absurdum: »Frau B. hat eine Professur der Geschichte inne. Sie soll von den Gräueltaten der römischen Kaiserzeit berichten. Da erstickt der Schmerz um die Ermordeten ihre Stimme, der Abscheu raubt ihr den Atem, sie verliert den Faden der Gedanken und muss ohnmächtig hinausgetragen werden.« Obendrein – so Bischoff – sei das Gehirn der Frau kleiner als das des Mannes, weshalb sie an seine Denkfähigkeit nicht heranreiche. Nach Bischoffs Tod stellte man angeblich fest, dass sein Gehirn etwas leichter war als das Durchschnittsgewicht weiblicher Hirne. Die Texte von Hedwig Dohm zu lesen ist immer noch ein Vergnügen. Leider wird dieses Vergnügen durch die Tatsache etwas gemindert, dass manche Aussagen von ihr auch heute nicht überholt sind.

Wer in publizistischen Auseinandersetzungen wahlweise Säbel oder Degen führt, kann sich mit der relativ zahmen Frauenbewegung kaum anfreunden, und so schließt sich Dohm erst einem Verband an, als die angriffslustigere **Minna Cauer** (1841–1922), eine ehemalige Lehrerin und Witwe eines Schulrates, den Verein »Frauenwohl« gründet. Auch Cauer geht es unter anderem um eine bessere Ausbildung und bessere Bezahlung von Lehrerinnen und vor allem um politische Gleichberechtigung, und das meint vor allem das Stimmrecht für Frauen. Sowohl Cauer wie Dohm fielen nach ihrem Tode mehr oder minder dem Vergessen anheim, und erst die moderne Frauenbewegung hat sie und ihr wichtiges Wirken diesem Vergessen entrissen.

***

Helene Lange erkannte schon früh die Ungerechtigkeit im Bildungssystem und gründet 1890 zusammen mit Gleichgesinnten den Allgemeinen Deutschen Lehrerinnenverein.

Wenn man das Ansehen einer Lehrerin an der Zahl der Schulen misst, die nach ihr benannt werden, dann besteht an der Bedeutung von **Helene Lange** (1848–1930) kein Zweifel. In vielen deutschen Städten gibt es heute eine Helene-Lange-Schule, und auf den jeweiligen Webseiten der Anstalten findet sich auch immer eine Biografie der Namensgeberin. Helene Lange, in Oldenburg als Kind einer Kaufmannsfamilie geboren, wurde schon früh Waise. Ihren Wunsch, Lehrerin zu werden, konnte sie sich erst nach der Volljährigkeit erfüllen, weil der Vormund es zuvor nicht erlaubt hatte; als Externe legte sie 1872 ihr Examen an der Königlichen Augusta-Schule in Berlin ab.

Lange aber wollte mehr werden als die Absolventin einer Mädchenschule, sie wollte studieren. Als ein Schlüsselerlebnis, das in ihr den Wunsch nach Wissenschaft entstehen ließ, beschreibt sie, wie sie bei einem Verwandtenbesuch auf einem Spaziergang den studierenden Sohn von seiner Arbeit berichten hört und ihn deshalb einen »glückseligen jungen Mann« nennt, sich selbst (und alle jungen Frauen) aber von diesen Erfahrungen ausgeschlossen weiß – der Mann redend vorangehend, die Frau schweigend einige Schritte hinterher, eine sehr symbolische Konstellation. Allerdings lag die Mädchen- und Frauenbildung weit mehr als nur einige Schritte zurück. Durch Pauken konnten auch dümmere Knaben die Reifeprüfung schaffen, Helene Lange jedoch, der dank ihrer Intelligenz das Wissen »zuflog«, war eine solche

Prüfung verwehrt. »Vielleicht war diese Stunde die Geburtsstunde der Frauenrechtlerin«, resümiert Lange später in ihren Erinnerungen.

Nach ihrem Examen unterrichtete sie viele Jahre als Lehrerin in Berlin an Höheren Töchterschulen, wobei dieser Begriff nicht eine »höhere Schule«, etwa ein Gymnasium, bezeichnet, sondern nur eine Schule für die Töchter der gehobenen Schichten. Während dieser Arbeit lernte Lange sowohl die zahlreichen Mängel in der Mädchenbildung wie auch die in der Lehrerinnenausbildung kennen, und diese Erkenntnis ließ sie zunehmend aktiver für Reformen im Bildungsbereich eintreten. Besonders störte sie, dass »höhere Töchter« immer noch für eine Lebensweise als »Dame der Gesellschaft« erzogen werden sollten, wodurch ihnen ein erfüllender Beruf von vorneherein verwehrt und im Wesentlichen eine Existenz nutzlosen Müßiggangs vorbestimmt sein würde. Im Falle einer ökonomischen Notsituation jedoch wäre damit kaum eine anspruchsvolle Beschäftigung möglich. Als Lehrerin käme zumeist nur die Anstellung an einer Elementarschule infrage – ein Unterricht in den oberen Klassen, gar mit wissenschaftlichem Anspruch, bliebe den Männern vorbehalten. Das musste geändert werden, und Helene Lange war die Frau, die ihre bemerkenswerte Energie, ihre gesamte Arbeitskraft für dieses Ziel einsetzte.

Wenn sie die 1928 zu ihrem 80. Geburtstag vom Allgemeinen Deutschen Lehrerinnenverein herausgegebene Textsammlung *Kampfzeiten* nennt, so ist mit diesem Begriff eindrucksvoll ihre Tätigkeit und die aller Frauen beschrieben, die sich für weibliche Bildung und Ausbildung einsetzten. Denn »jedes winzige Zugeständnis, jeder kleinste Fortschritt [ist] den ›Regierenden‹ und dem fast geschlossenen Widerstand der Masse der Männer in langem, zähem Kampf abgerungen worden«, schreibt sie im Vorwort zu den Bänden und kann zugleich befriedigt feststellen, dass der Kampf erfolgreich war – der Kampf für das Ansehen der Lehrerinnen. Dass diese kein sonderlich hohes Prestige hatten, ist erklärlich, da sie nur bei den »Kleinen« unterrichten durften und insofern fast jeder Mann im Schulwesen über ihnen stand. Um dies zu ändern, musste die Ausbildung geändert werden, und dann würde sich auch das Selbstwertgefühl der

Lehrerinnen ändern. Diese sollten das Bewusstsein bekommen, »dass sie etwas zu bedeuten haben würden für die Mädchenerziehung; sie sollten nicht mit dem durchbohrenden Gefühl ihres Nichts gegenüber den männlichen Kollegen erfüllt werden«. Da Lange während ihrer Berufstätigkeit ein enges Beziehungsgeflecht unter Lehrerinnen und Frauenrechtlerinnen geschaffen und – wie man heute sagen würde – »networking« betrieben hatte, konnte sie nicht zuletzt deswegen allmählich Erfolge vorweisen.

Eine wichtige Person in diesem Netzwerk war Victoria, die damalige Kronprinzessin und spätere Kaiserin Friedrich, älteste Tochter der englischen Königin. Anders als ihre Mutter wollte sie Frauenrechtlerinnen nicht auspeitschen lassen, sondern diese in ihren Zielen unterstützen und fördern. Und als Helene Lange in einem der vielen Gespräche, die beide miteinander führten, ihr Interesse an universitärer Ausbildung von Frauen artikulierte, riet ihr die Kaiserin 1888 zu einem Besuch in den Frauencolleges Girton und Newnham in Cambridge und gab ihr auch gleich ein Empfehlungsschreiben an den königlichen Hof mit. Ihre Erfahrungen und vor allem ihre Begeisterung über die englische Variante progressiver weiblicher Bildung beschrieb Lange ausführlich in dem Band *Frauenbildung* (1889). »Als ich an einem wundervollen Sommertag den stolzen Bau von Girton zum ersten Mal auf dem satten Grün der weiten Rasenplätze vor mir sah, als ich mir sagte, dass das eine Schöpfung aus freier Initiative der englischen Frauen sei, denen Männer großherzig und mit warmem Interesse ihre Hilfe geboten hatten, da habe ich aufrichtige Bewunderung empfunden.«

Die Reise nach England diente Helene Lange nicht nur zur Information, sondern sicher auch zur Erholung von öffentlichen Anfeindungen. Zu Beginn des Jahres nämlich hatte sie zusammen mit Gleichgesinnten »auf Veranlassung eines Kreises Berliner Frauen und Mütter, denen das Wohl ihrer eigenen Töchter und des ganzen weiblichen Geschlechts warm am Herzen liegt«, eine Petition an das Preußische Unterrichtsministerium und das Preußische Abgeordnetenhaus eingereicht. Diese Petition beantragte, »dass dem weiblichen Element eine größere Beteiligung an dem wissenschaftlichen Unterricht auf

der Mittel- und Oberstufe der öffentlichen Höheren Mädchenschulen gegeben und namentlich Religion und Deutsch in Frauenhand gelegt werde« und »dass von Staats wegen Anstalten zur Ausbildung Wissenschaftlicher Lehrerinnen für die Oberklassen der Höheren Mädchenschulen mögen errichtet werden«. In einer erläuternden Begleitschrift, wegen der Farbe ihres Umschlages »Gelbe Broschüre« genannt, legte Helene Lange ausführlich ihre Vorstellungen von der Entwicklung der Mädchenschulen dar. Mädchen sollten vor allem von Frauen unterrichtet werden, denen Lange eine »geistige Mütterlichkeit« zusprach, die der jungen Weiblichkeit verständnisvoller zu begegnen vermag, als es männliche Lehrer könnten.

Nach der Veröffentlichung dieser Schrift brach über die Frauen, die es gewagt hatten, Zweifel an der männlichen Überlegenheit im Schulwesen anzumelden, ein Sturm der Entrüstung herein. Die Tagespresse berichtete im Wesentlichen noch positiv, und ein be-

Typisches Bild: Lehrerinnen durften vor allem »die Kleinen« unterrichten, um 1900.

freundeter Schulleiter schrieb anteilnehmend: »Wenn die Töchterschule ein Karpfenteich ist und Sie beabsichtigt haben, die Rolle des Hechtes in demselben zu spielen, so haben Sie Ihren Zweck jedenfalls glänzend erreicht.« Aber die meisten Lehrer der Mädchenschulen fielen mit teilweise wüsten Beschimpfungen über Helene Lange her, und die Kultusbürokratie versuchte mit dem bewährten Mittel staatlicher Repression, den vermeintlichen Aufstand zu kontrollieren, indem sie einen Geheimrat zur Inspektion in Langes Seminar schickte – der zu ihrem Glück und zu seinem Leidwesen nichts Negatives fand. Ein wesentlicher Grund für die verächtliche Polemik gegen Lange war sicherlich die Furcht der Männer vor Konkurrenz, und die Schulleitung von einer Direktorin ausüben zu lassen erschien vielen Männern damals als eine Art Sakrileg. 100 Jahre und etliche Direktorinnen später vermochten sich noch immer nicht alle Lehrer an eine weibliche Leitung zu gewöhnen. Selbst 1987 forderte ein Gymnasiallehrer von der Schulleiterin mehr Mütterlichkeit ein, und auf die Frage, ob er von ihrem männlichen Vorgänger auch Väterlichkeit verlangt hätte, sagte er nur irritiert, das sei etwas völlig anderes.

1893 gründete Helene Lange die Zeitschrift Die Frau. Monatsschrift für das gesamte Frauenleben unserer Zeit, *die sich zur bedeutendsten Zeitschrift der bürgerlichen deutschen Frauenbewegung entwickelte.*

Helene Lange aber ließ sich nicht entmutigen oder in die Defensive drängen, sondern richtete – mit Unterstützung der Kaiserin Friedrich – Gymnasialkurse ein, die junge Frauen zum Abitur und damit auch später zum Studium führen konnten. Die Energie, die strategische Versiertheit und die Einsatzfreude von Helene Lange waren fast beispiellos und riefen sogar bei ihren Gegnerinnen Anerkennung hervor. Sie gründete 1890 mit Gleichgesinnten den Allgemeinen Deutschen Lehrerinnenverein, um damit auch den von Männern dominierten Gruppierungen Paroli bieten zu können, und für die interessierte und zu interessierende Weiblichkeit die Zeitschrift *Die Frau. Monatsschrift für das gesamte Frauenleben unserer Zeit* (1893), deren Herausgeberin sie lange war.

Als endlich 1908 eine Reform des Mädchenschulwesens erfolgte, hatte Lange Wesentliches erreicht. Aber die Kämpfe, teilweise hart und unerfreulich, hatten Kraft und Gesundheit gekostet, und Lange überlegte, sich ganz aus dem politischen Geschäft zurückzuziehen, da sie keine hinreichende Unterstützung hatte. In dieser Situation kam Gertrud Bäumer und bot ihre Hilfe an – ein unerwarteter Wendepunkt in beider Leben: 1899 zogen sie zusammen in eine Wohnung im Berliner Westen.

***

Gertrud Bäumer (1873–1954), sehr viel jünger als Lange, aber ebenso engagiert, war gleichfalls aus einer ökonomischen Notlage Lehrerin geworden. Ihr Vater, ein Pfarrer in Westfalen, starb früh, und so musste die Mutter mit ihren Kindern in ihr eigenes Elternhaus zurückkehren, wo die Großmutter das Regiment führte. Bäumer lernte daher in der eigenen Familie die Not einer Witwe mit Kindern, doch ohne Beruf und Verdienstmöglichkeit kennen, und diese Erfahrung ließ sie schon früh an eine »Karriere« als Lehrerin denken. Ihr Vater hatte sie anfangs – ungewöhnlich für bürgerliche Kreise – auf die Volksschule geschickt, was der jungen Gertrud Einblicke in andere soziale Lebensweisen ermöglichte. Als sie mit der Mutter nach Halle a. d. Saale gehen musste, wechselte sie auf die Höhere Töchterschule.

Gertrud Bäumer, deutsche Frauenrechtlerin und Politikerin, wurde anfangs aus einer ökonomische Notlage heraus Lehrerin. Doch schon bald engagierte sie sich aktiv in der Bildungspolitik.

Zwei Unterrichtsfächer hob sie in ihren Erinnerungen besonders hervor – Handarbeit und Turnen. Die Handarbeitsstunden waren langweilig und »geisttötend« (und diese Erfahrung mussten Schülerinnen auch noch im 20. Jahrhundert machen), der Turnunterricht aber war für Bäumer das Fach im Mittelpunkt ihres schulischen Lebens. Zwar wurde in Preußen Turnen an Mädchenschulen erst 1894 obligatorisch, aber da man immerhin seine Bedeutung für die weibliche Gesundheit (und Anmut) erkannt hatte, gab es auch schon früher an etlichen Schulen Unterricht in diesem Fach.

Die Erfahrung des Familienlebens, die trostlosen, sinnentleerten Abende in einem Frauenhaushalt, in denen man auf Zukünftiges wartete, was wohl eher den Zukünftigen meint, das war für Bäumer der letzte Anstoß, die Ausbildung zur Lehrerin zu beginnen. Nach dem Examen 1892 in Halberstadt trat sie ihre erste Stelle im westfälischen Kamen an, und die Erfahrungen, die sie später in ihren Erinnerungen beschreibt, unterscheiden sich nicht wesentlich von denen, die Lehrerinnen und Lehrer noch 100 Jahre später machen: Auf die Schulwirklichkeit, auf den Unterricht in großen Klassen mit nicht weniger als 50 Kindern, die obendrein höchst unterschiedlich waren, wird man in der Ausbildung nicht hinreichend vorbereitet. Heute heißt das didaktische Zauberwort für die Arbeit in heterogenen Klassen »Binnendifferenzierung«, aber dieser Zauber wirkt längst nicht immer!

Doch Gertrud Bäumer wollte mehr, als nur Volksschullehrerin in der Provinz zu sein. Und so zog es sie nach Berlin, wo sie am »Viktoria-Lyzeum« die notwendigen Kurse belegte und auch schon an der Universität Vorlesungen hörte. Nun fehlte nur noch die Promotion, die sie 1904 bei den damals prominentesten Wissenschaftlern an der Berliner Universität ablegte. Ihr Doktorvater war Erich Schmidt, und auch Wilhelm Dilthey gehörte zur Kommission; die Arbeit beschäftigte sich mit einem Jugendwerk Goethes – *Satyros oder der vergötterte Waldteufel*. Danach wäre Bäumer gerne weiter an der Universität geblieben, doch die Aussichten für den wissenschaftlichen Nachwuchs im Allgemeinen und den weiblichen im Besonderen waren viel zu unsicher, als dass sie sich – ohne eigenes Kapital – auf diese Laufbahn hätte einlassen können. Von nun an konzentrierte sich ihre Tätigkeit in Zusammenarbeit mit Helene Lange auf die Frauenbewegung und die Entwicklung der Mädchenbildung. War Lange anfangs noch als Ältere die Mentorin, so entwickelte sich zunehmend eine Gemeinschaft, in der die beiden Frauen Partnerinnen wurden im Leben und in der Arbeit.

Gertrud Bäumer machte sich vor allem für das Mädchenturnen stark.

Eine sehr wichtige Aufgabe, die für Lange gewissermaßen den Höhepunkt ihres langjährigen Einsatzes für die Mädchenbildung darstellte, übernahmen beide 1906, als sie in eine Kommission zur Reform des höheren Mädchenschulwesens berufen wurden. Im Kaiserreich war bis dato auf entsprechenden Tagungen nur über Reformen des Knabenschulwesens beraten worden, wobei die Schulkonferenz von 1890 ihr besonderes Gepräge dadurch erhielt, dass Wilhelm II. persönlich auftrat und seine Frustrationen als Gymnasiast zur Grundlage eines neuen Lehrplans machen wollte. Für die Mädchenbildung aber schritt der Kaiser nicht ans Rednerpult, wodurch der Versammlung seine eitle Rhetorik und die Ablehnung ihrer Ziele erspart blieben. Hatte doch Wilhelm angeblich zwei amerikanischen Frauenrechtlerinnen auf ihr Anliegen geantwortet, er stimme mit seiner Gemahlin überein, die sage, eine Frau habe sich in nichts einzumischen, was außerhalb der Sphäre von Kindern, Kirche, Küche und Kleidern läge. Erstaunlicherweise aber war die Mädchenschulreform von allerhöchster Stelle angeregt worden, also hatte die Kaiserin wohl kurzzeitig ihre gewohnte Sphäre verlassen. Die Reform wurde 1908 verabschiedet, doch nicht alle Wünsche der Frauen, die sich um Bäumer und Lange geschart hatten, gingen in Erfüllung. Vor allem die prinzipielle Besetzung der Schulleitung durch Frauen und die Quotierung der Lehrerstellen für Frauen wurde nicht in erhoffter Weise verwirklicht.

Verstärkt betätigte sich Bäumer in der Verbandsarbeit, und das betraf sowohl Lehrerinnenvereinigungen wie auch den Bund Deutscher Frauenvereine, in dem sie 1910 Vorsitzende wurde. 1916 nahm sie das Angebot der Hamburger Bürgerschaft an, ein Sozialpädagogisches Institut zu gründen und zu leiten. Sie ging mit Helene Lange nach Hamburg, und während Bäumer riesige Mengen an Arbeit zu bewältigen hatte, zog sich ihre Gefährtin immer stärker zurück. Bäumer jedoch wurde von der Lehrerin zur Politikerin – eine im 20. Jahrhundert häufiger vorkommende Karriere. Vor allem nach dem Zweiten Weltkrieg waren es zunehmend Lehrerinnen, die in den Bundesländern das Bildungs- und Schulressort besetzten. Gertrud Bäumer machte weiter Karriere und agierte inzwischen politisch auf nationaler Ebene; sie wurde Abgeordnete der Nationalversammlung in Weimar und später im Reichstag für die DDP – ein Mandat, das sie bis 1933 innehatte. In der Partei arbeitete sie eng mit den führenden Liberalen Friedrich Naumann und Theodor Heuss zusammen. Ferner vertrat sie von 1926 bis 1933 die Reichsregierung beim Völkerbund in Genf. 1920 berief man sie ins Innenministerium, wo sie für das Schulwesen und für die Jugendwohlfahrt zuständig war.

1933 wurde sie von den Nationalsozialisten entlassen, und Bäumer, die Hitler ablehnend gegenüberstand, verlegte sich auf das Schreiben von historischen Romanen, die hohe Auflagen erreichen. Nach dem Krieg konnte sie kaum noch an ihre Aktivitäten in Politik, Pädagogik und Frauenbewegung anknüpfen, auch wenn sie am Aufbau der CSU mitwirkte. Das Alter macht ihr zu schaffen, Arteriosklerose verhindert weitere Vortragstätigkeit; Freundinnen sorgen dafür, dass Bäumer einen Pflegeplatz in Bethel bekommt. Dort stirbt sie 1954 und wird auch dort begraben. Helene Lange starb 1930 und bekam ein Ehrengrab in Berlin auf dem Friedhof Heerstraße; auf dem mächtigen Stein erinnern die Worte »In Memoriam Gertrud Bäumer« auch an ihre Mitstreiterin – zumindest auf diese Weise werden beide Frauen wieder vereint. So würdigte man zwei Frauen, ohne deren Wirken die heutigen Schülerinnen und Lehrerinnen es vermutlich schwerer hätten.

Grabstein für Helene Lange auf dem Berliner Friedhof Heerstraße mit dem Gedenken an Gertrud Bäumer.

3

Mädchenbildung in einer kleinen Stadt

Exkurs

3
Mädchenbildung in einer kleinen Stadt

Es ist klar, daß [...] die ernste Verpflichtung erwächst, mit besonderer Sorgfalt die Tochter in ihren früheren Lebensjahren mit denjenigen Kenntnissen auszurüsten, welche die jetzige Zeit auch von dem Weibe fordern zu können sich berechtigt glaubt, zumal wenn man erwägt, daß sich beim Mädchen sehr frühzeitig die geistigen Kräfte zu entwickeln anfangen.« Dies schrieb 1830 Carl Heinrich Friedrich Oltrogge, Kandidat der Theologie, zusammen mit einem Kollegen in einem Gesuch an den Magistrat der Stadt Lüneburg, eine Töchterschule zu errichten. Mit diesem Antrag beginnt im 19. Jahrhundert die Geschichte der Mädchenbildung in der kleinen norddeutschen Stadt. An ihr sollen exemplarisch die hindernisreiche Entwicklung von Mädchenschulen in Deutschland gezeigt werden und die Schwierigkeiten, die zu überwinden waren, damit die Töchter der Bürgerinnen und Bürger eine den Söhnen gleichwertige Bildung erhalten konnten.

Nun waren die Kandidaten noch sehr jung und erschienen den Ratsherren etwas unerfahren, weshalb man ihnen empfahl, sich der Unterstützung eines Älteren zu versichern. Ein Pfarrer von St. Michaelis war dazu bereit, und so genehmigte man großzügig die Errichtung einer Mädchenschule; diese wurde als ein privates Institut geführt mit großen finanziellen Risiken für die jungen Unternehmer. Allerdings darf nicht vergessen werden, dass für die Teilnahme am Unterricht Schulgeld erhoben wurde, und dieses musste auch noch für die später öffentliche Wilhelm-Raabe-Schule bis in die 50er-Jahre des 20. Jahrhunderts bezahlt werden. Voller Tatendrang machten sich die beiden Lehrer und Leiter an den Aufbau der Lehranstalt, und allmählich gewann die Schule an Ansehen und Schülerinnen. Doch die ökonomischen Probleme blieben, und sie verschärften sich für

Oltrogge, als sich sein Kompagnon »aus dem Staub« machte und ihm außer Schulden und Sorgen nichts hinterließ. Obwohl die Stadt Lüneburg und ihre Bürgerinnen und Bürger beziehungsweise deren Töchter in nicht geringem Maße von der Oltrogge'schen Schule profitierten, wurden seitens des Rates alle Bitten des Schulleiters um finanzielle Unterstützung über Jahrzehnte abschlägig beschieden.

Was die schulische Ausbildung der Lüneburger Knaben betraf, war man erheblich großzügiger. Bereits 1406 war eine Lateinschule gegründet worden, die man nach einigen kirchlichen Querelen der Johanniskirche zuordnete; sie gewann Anerkennung »durch ihre Trefflichkeit« und hieß bald Johanneum; die Schule besteht noch heute und ist eines der ältesten Gymnasien in Deutschland. An der räumlichen wie personellen Ausstattung dieser Bildungsstätte wurde selbstverständlich nicht gespart, denn Lüneburg war im Mittelalter eine sehr reiche und in der Hanse sehr wichtige Stadt. Ihr Reichtum lag unter der Erde: riesige Salzvorkommen, die Lüneburg zum wichtigsten Lieferanten des für den Fischfang und -handel unverzichtbaren Konservierungsmittels machten. Die Sülfmeister, die Besitzer

Unterricht im Freien.

der Siedepfannen für die Sole, und die Kaufleute, die dafür sorgten, dass das Salz zu den Heringen kam, brauchten Bildung für ihren Nachwuchs und somit fürs Geschäft.

Zwar wagten 1830 die weiblichen Wesen Lüneburgs noch nicht einmal von einem Gymnasium zu träumen, doch Oltrogge begann vorsichtig den langen Weg dorthin zu planieren, auch wenn ihm vom Magistrat immer wieder Steine auf denselben gelegt wurden. Es gelang ihm, nicht nur in der Stadt die Bürgerfamilien davon zu überzeugen, dass sie ihren Töchtern nichts Besseres bieten könnten als eine Ausbildung an seiner Schule, sondern sein Ruf und seine pädagogischen Leistungen wurden auch in anderen Städten Deutschlands wahrgenommen. Sogar aus Edinburgh kam wohl eine Schülerin, der ihre Schulerfahrungen in der Heimat nicht mehr genügten; Georgina Archer, die später die Kinder von Kaiserin Friedrich unterrichtete und ein Lyzeum in Berlin gründete, nahm auch an einem Lüneburger Institut am Unterricht teil, wie durch den Historiker Heinrich von Sybel überliefert ist. Oltrogges Rat wurde für die Errichtung von Schulen in anderen deutschen Städten erbeten, doch diesen Rat

Wilhelm-Raabe-Schule zu Lüneburg, um 1910.

wusste der Lüneburger Rat lange nicht zu schätzen, und er würdigte auch nicht die Anziehungskraft, die von dieser Schule für die Familien der näheren und weiteren Umgebung ausging. So schickten viele Bauern aus der Lüneburger Heide ihre Töchter nach Lüneburg, die dann auf Pferdefuhrwerken anreisten und in Pensionen untergebracht wurden. Noch mehr als 100 Jahre später gab es an der Wilhelm-Raabe-Schule viele Fahrschülerinnen, die aus der Heide, dem Wendland oder von der Elbe per Bus oder Bahn zur Bildung reisten und dabei keine Mühen scheuten – lange Fahrten und extrem frühes Aufstehen eingeschlossen.

Das Ansehen der Schule und die Anzahl der Schülerinnen wuchsen, aber erst sehr spät war man bereit, die Anstalt in städtisches Eigentum zu übernehmen. Hatten die Stadtväter lange geglaubt, eine private Schule sei ausreichend, wurden sie jedoch unter Hinweis auf viele städtische Töchterschulen im Reich eines Besseren belehrt. Nun ging alles relativ schnell. Eine neue Schulordnung wurde entworfen und auch Oltrogge um seine Meinung gebeten. Er verwies vor allem auf zwei Punkte, die er für die wesentlichen hielt, und die auch jeder Schulleitung heutzutage nicht unwichtig wären, nämlich eine sorgfältige Aufsicht in den Pausen und ein pünktliches Erscheinen der Lehrer und der Schülerinnen zum Unterricht. Dann wurde ein großes Haus in städtischem Besitz gesucht, und da das Johanneum gerade sein altes Schulgebäude neben der Kirche verlassen und einen Neubau bezogen hatte, war das »Schullokal«– wie es in den Akten hieß – schon gefunden. Mit einer Anzeige wurde ein Philologe oder Theologe als »Dirigent« für die Höhere Töchterschule gesucht und aus einer größeren Bewerberschar Theobald Karnstädt aus Thüringen zum Schulleiter gewählt. Es sollte übrigens noch mehr als 70 Jahre dauern, bis man eine Frau an die Spitze der Schule berief.

Bei der feierlichen Amtseinführung des neuen Schulleiters und damit zugleich der »Einweihung« des Gebäudes für die neue »Schülerinnenschaft« 1875 wurde auch die Aufschrift über der Eingangstür zitiert, die bis dahin den Johannitern als Losung galt: DOCTRINAE VIRTUTI HUMANITATI ([die Schule diene] der Lehre, der Tugend, der Menschlichkeit). Wenn auch die höheren

Töchter noch kein Latein lernten, so konnten sie doch in ihrer Muttersprache auf diese Maxime verpflichtet werden. Und die Lehrerinnen und Lehrer natürlich ebenfalls! Doch die Einhaltung solch erhabener Maximen musste durch eine genaue Verordnung gesichert werden, und so veröffentlichte der Magistrat 1876, nach ausführlicher Beratung mit Schulleiter und Lehrerkollegium, »Gesetze für die Schülerinnen der Höheren Töchterschule zu Lüneburg«. In 60 Paragrafen waren die Regeln aufgelistet, nach denen ein geordnetes und zielorientiertes Schulleben gestaltet werden sollte. Als wesentlich wurde in Paragraf 8 festgehalten: »Jede Schülerin hat dahin zu wirken, dass [...] der Zweck der Anstalt, eine auf sittlich-religiöser Grundlage beruhende allseitige Ausbildung der Geisteskräfte, erreicht werde.« Aber auch auf das Äußere wurde geachtet und von den Schülerinnen eine reinliche und anständige Kleidung sowie das Vermeiden alles lauten und Aufsehen erregenden Wesens gefordert. Ruhig und gesittet sollte es natürlich auch und besonders während des Unterrichts zugehen, hier war alles Störende zu vermeiden. Diese Regeln sind fast 150 Jahre alt, doch wird ein Unterricht frei von Störungen aller Art auch heute noch geschätzt.

Ein besonderes Verdienst des Schulleiters Karnstädt war sein Bemühen, Turnen als obligatorisches Fach einzuführen, denn das sei für Mädchen noch wichtiger als für Knaben. Letztere hätten in ihrer Freizeit viel Bewegung, was für Mädchen kaum gelte. Obendrein konnte er auf ärztliche Gutachten verweisen, die einen Ausgleich für die intellektuelle schulische Betätigung der Mädchen aus medizinischer Sicht für geboten hielten. Und im Übrigen wäre Turnen schon an etlichen anderen Töchterschulen als Pflichtfach eingeführt. Der Magistrat hielt sich wieder einmal zurück, und das sechs Jahre lang. Inzwischen aber hatten die Eltern zunehmend verärgert Turnen für ihre Töchter eingefordert, und die städtische Verwaltung sah sich, wenn auch teilweise widerstrebend, veranlasst, das Turnen der Töchter zu genehmigen. Dieses fand vorerst auf dem Schulflur statt, wo aber Platzmangel die Turnenden draußen wie Lärmentwicklung die Lernenden drinnen behinderten, weshalb nach einiger Zeit und mehreren Anträgen eine Turnhalle gebaut wurde.

Auch wenn mehr als 100 Jahre die Leitung der Mädchenschule in männlicher Hand lag, so gab es doch viele Lehrerinnen, die in der Erinnerung ihrer Schülerinnen einen festen Platz haben. Eine der originellsten dürfte wohl die Handarbeitslehrerin Julie »Julchen« Ritter gewesen sein, die schon damals, Ende des 19. Jahrhunderts, in Konferenzen strickte oder sich von diesen selbst beurlaubte, weil ihr ein Kaffeekränzchen wichtiger erschien. Sehr viel pflichtbewusster war Gertrud Karnstädt, die Tochter des Direktors, die sich zur Lehrerin in Droyßig ausbilden ließ und an der Genfer Universität ihre Französischkenntnisse perfektionierte. Unter dem Nachfolger ihres Vaters wurde sie an der Töchterschule angestellt und war bei den Schülerinnen wegen ihrer fürsorglichen Betreuung, aber auch wegen ihrer exzellenten Sprachkompetenz sehr beliebt. Ähnlich wie Karnstädt kam auch Elisabeth Maske von der Töchterschule und kehrte mit besten Qualifikationen als Lehrerin an diese zurück; später legte sie noch die Prüfung zur Oberlehrerin ab, unterrichtete Biologie und

Lehrerkollegium mit Direktor Dr. Zechlin der Höheren Töchterschule Lüneburg; an den Fenstern im Hintergrund die neugierigen Schülerinnen.

Französisch und wurde zur Studienrätin befördert. Während des Ersten Weltkrieges betreute sie mit ihren Schülerinnen Soldaten im Lazarett. Ihr besonderes Engagement galt der Förderung des Turnens – nicht nur in Lüneburg, sondern auch überregional. Eigentlich hatte fast jeder Schülerinnenjahrgang seine Favoriten, und wenn man heute bei Klassentreffen die alten Kollegiumsfotos betrachtet, dann werden Erinnerungen wach an beliebte (und auch weniger beliebte) Lehrpersonen, und am beliebtesten waren die gerechten und humorvollen, denen man leichte Schwächen nachsah. Vor allem war den Schülerinnen wichtig, verstanden zu werden. Wenn eine Lehrerin merkte, dass eine Klassengemeinschaft Unterstützung brauchte, um zusammenzuwachsen, und sie deshalb ein Jahr darauf verwandte, mit den Mädchen ein Theaterstück einzustudieren, so bleibt das auch nach 50 Jahren unvergessen.

1896 übernahm Dr. Arthur Zechlin als dritter Direktor die Töchterschule, und auch unter seiner Leitung entwickelte sich die Schule weiter positiv und wurde bald so groß, dass ein neues Gebäude dringend erforderlich war; 1908 feierte man die Fertigstellung und den Einzug in die nun Lyzeum genannte Anstalt. Das neogotische Gebäude mit Türmen, Backsteingiebeln, einer großen Turnhalle, einer großzügig ausgeschmückten Aula, hellen Klassenräumen und Fluren mit Kreuzgewölben war imposant und repräsentativ – gerade so, als wolle man der Mädchenbildung wenigstens architektonisch endlich die ihr angemessene Bedeutung verleihen. Die Treppenhäuser waren ausladend gestaltet, um auch größeren Menschenansammlungen Platz zu geben – bis in die Gegenwart braucht man den Raum beispielsweise für das stimmungsvolle Adventssingen, bei dem sich die Schulgemeinschaft vor dem Unterricht im Schein von Kerzen zum Musizieren versammelt. Von außen erweckt das Gebäude immer noch ein wenig den Eindruck einer pädagogischen »Trutzburg«, was sie aber in der Zeit glatter Betonbauten zu etwas Besonderem macht.

In diese »Trutzburg« zog um die Jahrhundertwende mit frauenbewegten Lehrerinnen durchaus ein frischer Geist ein. Eine Schülerin erinnert sich an die Schulentlassung 1914: Nur dunkel die gesellschaftlichen Umbrüche ahnend, hätten die meisten ihrer Mitschülerinnen

noch das Oberlyzeum besuchen wollen, um Lehrerin zu werden, und auch die neue Mathematiklehrerin habe energisch zur Berufstätigkeit geraten. Man solle nicht daheim sitzen und auf einen »Prinzen« warten – im Übrigen gab es den nach dem Krieg sowieso nicht mehr. Es entwickelte sich ein bewegtes Schulleben mit Wanderfahrten, Sportveranstaltungen und der Etablierung einer für Mädchen noch recht neuen Sportart – dem Rudern, damals noch als Wanderrudern betrieben. Eine von den vielen bemerkenswerten Lehrerinnen der Schule, Marie Ubbelohde, sorgte dafür, dass der Verein zu einer festen Größe im Schulleben wurde, und forcierte den Bau eines Bootshauses an der Ilmenau neben dem des Johanneums – was dem Trainingseifer sehr förderlich war. 1925 wurde aus der städtischen eine staatliche Schule und nach dem Schriftsteller Wilhelm Raabe benannt – auf ministerielle Anordnung und nicht, wie gehofft, auf Vorschlag der Schulgemeinde, die Namen bedeutender Frauen wie Helene Lange favorisierte.

Der Aufbruch in eine neue, freiere Zeit, die Anwendung demokratischer Erziehungsprinzipien fanden 1933 ein abruptes Ende. Die

Wilhelm-Raabe-Schule zu Lüneburg, um 1913.

Treppenhaus der Wilhelm-Raabe-Schule.

NS-Zeit bestimmte mit anderen Lehrplänen, anderen Schulbüchern, Verpflichtung zum Eintritt in den BDM (Bund Deutscher Mädel) das Schulleben. Ein von den Schülerinnen besonders geschätzter Lehrer, Dr. Robert Brendel, musste die Schule und bald auch seine Beamtenstellung verlassen, weil er mit einer Jüdin verheiratet war. Brendel war auch Schriftsteller, und in einer seiner posthum erschienenen Novellen beschreibt er, wie eine junge, mutige Studienassessorin den autoritären und fast brutal anmutenden Direktor zur Räson bringt. Das Vorbild für diesen Mann fand Brendel an der Schule, an die man ihn aus Lüneburg zwangsweise versetzt hatte; die junge Lehrerin wiederum kann ihrerseits Vorbild sein.

Nach Kriegsende war die Schule längere Zeit ein Lazarett des britischen Militärs, und der Unterricht musste im Johanneum stattfinden. Die schwierige Aufgabe, in der von gravierenden Mängeln geprägten Zeit die Schule zu leiten, übernahm 1946 Elisabeth Voigt, doch aus gesundheitlichen Gründen trat sie bereits 1949 in den Ruhestand. In diesem Jahr wurde Brigitte Hasenclever als Oberstudiendirektorin in das Amt der Schulleiterin eingeführt, das sie bis 1976 innehatte. Hasenclever war noch recht jung, als sie den Dienst in Lüneburg aufnahm, und das war ein gutes Zeichen für den Neuanfang – und für den frischen Wind, den eine Schule brauchen konnte in einer Zeit, in der restaurative Bestrebungen kaum zu übersehen waren. Ihre Studienfächer waren Deutsch, Geschichte und Sport gewesen, und während sie Deutsch, Geschichte und Gemeinschaftskunde bevorzugt in der Oberstufe unterrichtete (obwohl Mädchen damals auf allen Klassenstufen sehr brav gewesen sein dürften), gehörte Sport weniger zu ihrem pädagogischen Repertoire. Das war eigentlich bedauerlich, denn es hätte ihr Ansehen bei den Schülerinnen sicher noch verstärkt – desgleichen vielleicht auch die Information, dass sie Segelfliegerin und deutsche Hochschulmeisterin im Hochsprung war. So trat sie »sportlich« meistens nur bei der Überreichung der Ehrenurkunden bei den Bundesjugendspielen in Erscheinung, jedoch betonte sie immer die generelle Bedeutung des Faches Sport.

Besonders wichtig aber war ihr Engagement für eine moderne Gestaltung der Bildung von Mädchen, die sich in gleicher Weise entwickeln sollte wie die von Jungen. Das hieß zum einen die Naturwissenschaften zu fördern, in der Oberstufe einen naturwissenschaftlichen Zweig einzurichten und das Fach Hauswirtschaft abzuschaffen, um ein »Puddingabitur« unmöglich zu machen. Gleichwohl gab es noch in den unteren Klassen lange Zeit das Fach »Nadelarbeit«, und in dem wurde mit Strick-, Stick- und Häkelnadeln gekämpft, um zu allen Fest- und Feiertagen die Mutter mit Topflappen und den Vater mit Socken zu erfreuen – voller Stolz, die Ferse gemeistert zu haben. Auch der Umgang mit der Nähmaschine wurde gelernt, und für viele Mädchen schien dies lange Zeit eine der nützlichsten Fähigkeiten, die ihnen die Schule vermittelte. Um den Unterricht unterhaltsamer zu gestalten, wurde vorgelesen, und weniger Nadelbegabte meldeten sich hierzu im Wissen, dass daheim Tante Frieda die Arbeit vollendete. Auch Kochen und Backen konnte man lernen, gab es doch eine riesige Küche aus früheren Zeiten; gekocht wurde in Arbeitsgemeinschaften und mehr nach dem Prinzip der Sparsamkeit als der Kulinarik. Aber manches dort erstmals ausprobierte Kuchenrezept hat in etlichen »WRS-Haushalten« überdauert.

Die wichtigste Erfahrung, die Schülerinnen auf einer Mädchenschule machen können, ist das Bewusstsein, alles selbst tun zu können (und zu müssen) und nicht etwa bei unangenehmen oder schwierigen Aufgaben wie beispielsweise dem Transport schwerer Gegenstände auf die doch viel kräftigeren Knaben verweisen zu dürfen. 1971 aber wurde dann entsprechend dem Zeitgeist die Koedukation eingeführt – und damit begann ein neues Kapitel. Das Kapitel »Mädchenbildung in Lüneburg« zeigt exemplarisch die Schwierigkeiten in Deutschland bei der Schaffung von Lehr- und Lernbedingungen für Mädchen, wie sie für Knaben selbstverständlich waren. Zugleich aber wird deutlich, dass sich im Laufe der Zeit die meisten Hindernisse überwinden ließen und den Mädchen in Lüneburg der Weg offenstand, den Carl Oltrogge seinerzeit vorsichtig zu ebnen begann. Und sehr viele, die diesen Weg gingen, erinnern sich gern an ihre Schule – die Autorin dieses Buches gehört dazu.

4

Das Jahrhundert der Lehrerin

oder:
Leicht war es nie

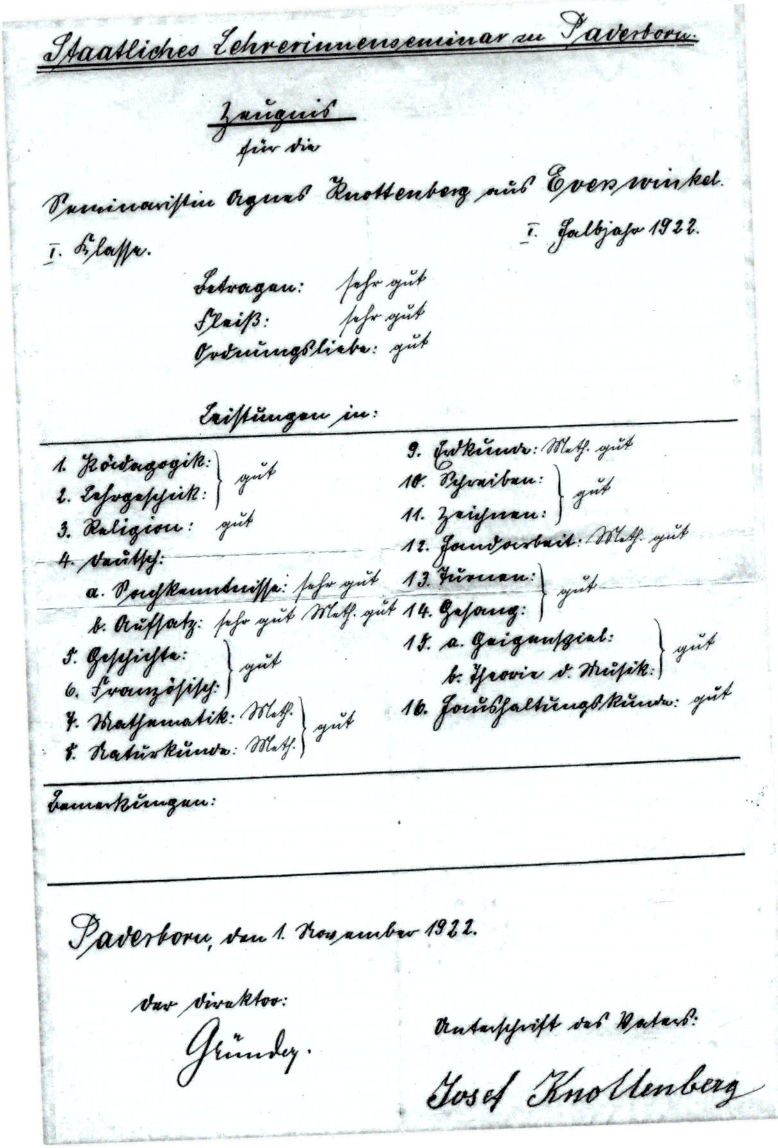

Staatliches Lehrerinnenseminar zu Paderborn.

Zeugnis
für die
Seminaristin Agnes Knottenberg aus Everswinkel.

I. Klasse. I. Halbjahr 1922.

Betragen: sehr gut
Fleiß: sehr gut
Ordnungsliebe: gut

Leistungen in:

1. Pädagogik: } gut
2. Lehrgeschick: } gut
3. Religion: gut
4. Deutsch:
   a. Sprachkenntnisse: sehr gut
   b. Aufsatz: sehr gut Mdl. gut
5. Geschichte: } gut
6. Französisch: } gut
7. Mathematik: Mdl. } gut
8. Naturkunde: Mdl. } gut
9. Erdkunde: Mdl. gut
10. Schreiben: } gut
11. Zeichnen: } gut
12. Handarbeit: Mdl. gut
13. Turnen: } gut
14. Gesang: } gut
15. a. Geigenspiel: } gut
    b. Theorie d. Musik: } gut
16. Haushaltungskunde: gut

Bemerkungen:

Paderborn, den 1. November 1922.

Der Direktor:
Gründer.

Unterschrift des Vaters:
Josef Knottenberg

*»Der Gedanke, Lehrerin zu werden
und andere Gedanken in die Jugend zu bringen,
hat etwas ungemein Anziehendes.«*

4
Das Jahrhundert der Lehrerin

Dies schrieb 1890 eine junge Frau, deren Karriere und spätere Prominenz aber kaum auf ihrem pädagogischen Geschick beruhte. **»Fanny« Franziska Gräfin zu Reventlow** (1871–1918) ging in die (Literatur-)Geschichte ein als Mittelpunkt der Münchner Boheme um 1900 – bewundert von vielen Zeitgenossen, beschimpft von ebenso vielen. Bevor sie aber aus dem heimischen Holstein in die lebenslustige Kunst- und Künstlerstadt im Süden floh, hatte sie mit Bravour ihr Examen am Lehrerinnenseminar in Lübeck abgelegt. Danach wollte sie zwar immer noch andere Gedanken in Menschen bringen, aber nicht mehr unbedingt in junge und nicht mehr in der Schulstube. Und wie Reventlow legten viele andere Frauen eine entsprechende Prüfung ab, um aber häufig danach nur für kurze Zeit, wenn überhaupt, als Lehrerin zu arbeiten und anschließend etwas anderes zu tun. Diese Tätigkeit bestand nicht selten darin, sehr kreativ Gedanken, Wissen, Emotionen aus eigener Erfahrung für andere Menschen verfügbar zu machen – vergleichbar also der Arbeit einer erfolgreichen Lehrerin. Insofern haben Lehrerinnen nicht nur für die Frauenbewegung, sondern auch und in nicht geringem Maße für eine »Kultur-Bewegung« gesorgt.

Um wenigstens ansatzweise auf die vielen »Dann-doch-nicht-für-immer-Lehrerinnen« zu verweisen, seien einige in Auswahl genannt. Dies geschieht in alphabetischer Reihenfolge, weil damit nicht etwa eine Wertung einhergeht. Beginnen wir mit der französischen Schriftstellerin **Simone de Beauvoir** (1908–1986), aus wohlhabender, jedoch später verarmter Familie stammend. Sie bestand 1932 die Agrégation als Zweite nach Jean-Paul Sartre, der allerdings beim ersten Versuch durchgefallen und erneut angetreten war. Diese Prüfung berechtigt zum Unterricht am Lycée, welches vergleichbar ist mit der

»Fanny« Gräfin zu Reventlow mit ihrem Sohn Rolf, 1905.

Oberstufe eines deutschen oder österreichischen Gymnasiums oder einer schweizerischen Kantonsschule. Philosophie war Beauvoirs Hauptfach, und das unterrichtete sie an verschiedenen Schulen in Marseille, Rouen und Paris. Auch wenn ihr das System Schule nicht sonderlich wichtig war, so lagen ihr jedoch die Schülerinnen sehr am Herzen, vielleicht sogar zu sehr. Bei diesen genoss sie Anerkennung für ihren unkonventionellen, aber erfolgreichen Unterricht, gewann Zuneigung wegen ihrer für eine Lehrerin der damaligen Zeit lässige Lebensweise und erregte Aufmerksamkeit für ihre unkonventionelle Erotik. Bei der Schulaufsicht jedoch stieß ihr Verhalten weniger auf Zustimmung, weshalb jene die Entlassung aus dem Schuldienst verfügte. Dies aber gab Beauvoir die Möglichkeit, sich ganz ihren literarischen und politischen Aktivitäten zu widmen – und das tat sie außerordentlich erfolgreich und nachhaltig.

Eine völlig andere, aber nicht minder erfolgreiche Karriere schlug **Anna Freud** (1895–1982) ein. Als jüngstes Kind von Sigmund Freud war sie seine Lieblingstochter, die ihm zeitlebens am engsten verbunden war. Sie legte 1911 in Wien die Matura ab und schloss eine Ausbildung zur Lehrerin an. Nach den entsprechenden Prüfungen unterrichtete sie noch einige Jahre an ihrer alten Schule.

Daneben jedoch begann sie ein Studium der Psychoanalyse, hörte Vorlesungen bei ihrem Vater und wandte sich dem bis dahin noch nicht etablierten Gebiet der Kinderanalyse zu. Sie eröffnete in Wien,

Berggasse 19, im selben Haus wie Sigmund Freud, eine eigene Praxis. Wie sie später einmal gesagt haben soll, hätte ihr die Arbeit als Lehrerin besonders viel für die weitere Tätigkeit gegeben. 1938 musste die Familie Freud nach England emigrieren, und in London konnte Anna Freud weiter sehr erfolgreich praktizieren. Bereits in Wien hatte sie sich selbst einen Ruf gemacht, sodass sie bald nicht mehr im Schatten des Vaters stand. Bezeichnend für die bleibende Beziehung der ausgebildeten Lehrerin zu ihrer früheren Arbeit an einem Wiener Lyzeum ist das Werk *Psychoanalyse für Pädagogen*.

Im Norden ist es die Schwedin **Selma Lagerlöf** (1858–1940), die sich in diese Aufzählung fügen lässt. Ursprünglich wohlhabend, musste die Familie ihr Gut verkaufen. Selma ging nach Stockholm, absolvierte die Höhere Mädchenschule, machte eine Ausbildung als Lehrerin und arbeitete zehn Jahre an einer Schule im südschwedischen Landskrona. Während dieser Zeit begann sie mit dem Schreiben. Ihr erster Roman, *Gösta Berling,* führte allerdings erst nach einer positiven Rezension, die die Auflage und das Einkommen steigerte, zum erhofften finanziellen Erfolg. Eines ihrer weiteren Bücher ist eine Auftragsarbeit des Lehrerverbandes, eine Art Schulbuch für die schwedischen Kinder, durch das diese ihre Heimat genauer kennenlernen sollten. *Die wunderbare Reise des kleinen Nils Holgersson mit den Wildgänsen* beschreibt Schweden, seine Landschaft, seine Schönheit aus der Vogelperspektive, und es wurde gleich ein riesiger, bald auch internationaler Erfolg. 1909 erhielt Selma Lagerlöf als erste Frau den

Anna Freud mit ihrer Schulklasse im Cottage Lyzeum, Wien, 1917.

Literaturnobelpreis und wurde später – ebenfalls als erste Frau – in die Schwedische Akademie gewählt. Nun war sie so vermögend, dass sie das elterliche Gut zurückkaufen konnte. Wie viele andere Lehrerinnen engagierte sie sich politisch für die Frauenbewegung und das Frauenstimmrecht.

Eine andere Frau schrieb und schreibt ebenfalls für Kinder und Jugendliche und hat damit einen derartigen Erfolg, dass sie inzwischen zu den reichsten Frauen Großbritanniens gehört. Diese Position hätte **Joanne K. Rowling** (*1965) wohl kaum erreicht, wenn sie Lehrerin geblieben wäre. Nach ihrem Studium an der Universität von Exeter (Französisch und Altertumswissenschaften) hatte sie verschiedene Jobs, zum Beispiel arbeitete sie für Amnesty International in London. 1991 ging sie als Lehrerin nach Portugal, wo sie in Porto Englisch unterrichtete. Sie heiratete, doch die Ehe scheiterte bald, und so zog sie mit ihrer Tochter nach Edinburgh; dort lebte sie von der Sozialhilfe und von der Hoffnung, der Roman, an dem sie in einem Café arbeitete, würde ein Erfolg werden. Die Hauptfigur des Buches ist ein kleiner Zauberer namens Harry Potter, und der Schauplatz ist ein Internat – die ehemalige Lehrerin kehrte in ihrer schriftstellerischen Arbeit gewissermaßen an einen (möglichen) Arbeitsplatz zurück – an eine Schule, an der es viele bemerkenswerte Lehrerinnen gibt. Von etlichen Verlagen abgelehnt, wurde der Roman endlich angenommen, und alles Weitere ist das überwältigende, allgemein

Die schwedische Schriftstellerin Selma Lagerlöf, ursprünglich zur Lehrerin ausgebildet, erhielt 1909 als erste Frau den Literaturnobelpreis.

bekannte Happy End: von einer finanziell bedrängten alleinerziehenden Mutter zur Millionärin mit einer neuen, glücklichen Ehe.

***

Es gäbe in diesem Zusammenhang noch viele Frauen zu nennen, die in ihrem Lebenslauf »Lehrerin« stehen haben: So zum Beispiel die Malerin **Paula Modersohn-Becker** (1876–1907), die Lyrikerin **Friederike Mayröcker** (*1924), die Schriftstellerin **Luise Rinser** (1911–2002), die erste Direktorin des Berliner Zoos **Katharina Heinroth** (1897–1989), die literarische Historikerin **Ricarda Huch** (1864–1947), die Krimi-Autorin **Dorothy Sayers** (1893–1957), die Dichterin **Elisabeth Langgässer** (1899–1950) – und die Autorin von *Heidi*, **Johanna Spyri** (1827–1901), die zumindest Mitglied der Zürcher Schulkommission war. Alle diese prominenten Frauen und die vielen, vielen Tausend weniger bekannten, die im letzten Jahrhundert die Chance hatten, endlich die mehr oder minder gleichen Berufschancen wahrnehmen zu können wie Männer, schienen ein »Jahrhundert der Lehrerin« zu begründen. Doch so leicht war es nicht, denn leicht war es nie.

1908 schien durch die Reform für die Höheren Lehranstalten für die weibliche Jugend in Preußen endlich für alle Frauen, die ein Lehramt an diesen Schulen anstrebten, der Weg in eine bessere Zukunft gesichert. Gleichwohl gab es einige Hindernisse auf diesem Weg: Während die männlichen Kollegen ein akademisches Studium absolvierten, das Examen »pro facultate docendi« ablegten und nach einem Seminar- und Probejahr als akademische Oberlehrer eingestellt werden konnten, blieb den jungen Frauen, die bestenfalls als Gasthörerinnen die Universität hatten besuchen dürfen, nur der Status einer »nichtakademischen« Oberlehrerin nach einer sogenannten »wissenschaftlichen Prüfung«. Ferner gab es nicht nur in Bezug auf die Ausbildung erhebliche Unterschiede zu den männlichen Kollegen, und die lassen sich in einem Ministerialerlass von 1910 deutlich erkennen. Der Antrag mehrerer Städte, den Oberlehrerinnen den Wohngeldzuschuss zu kürzen, wird – immerhin – abschlägig beschieden mit der Begründung, dieser sei »als Ausgleich für das erheblich geringere

Gehalt anzusehen, zumal sie im Jahreshöchstgehalt um 3000 Mk. hinter den nur zu 2 Wochenstunden mehr verpflichteten Oberlehrern zurückbleiben«.

Sehr viel weiter in die Existenz einer jeglichen Lehrerin aber griff die Verpflichtung zum Zölibat ein. Im Deutschen Reich wurde das Lehrerinnenzölibat per Ministerialerlass 1880 eingeführt, und für eine Frau bedeutete das die Wahl zwischen Beruf und Ehe. Diese Verordnung schien der Bildungsbürokratie so wichtig zu sein, dass sie mehrfach neu bestätigt wurde, so 1892 unter der Überschrift »Heirat bedingt in der Regel Ausscheiden aus dem Lehrerinnenberuf« und Verlust der Pensionsansprüche. Eine sehr sinnige Ausnahme wurde 1910 gemacht: »Gegen die endgültige Anstellung verwitweter Lehrerinnen sind Bedenken nicht zu erheben, sofern die Witwe kinderlos ist.« In der k. u. k. Monarchie fand man für das »Zwangszölibat« die bemerkenswerte Formulierung, man verstehe die »Verehelichung einer weiblichen Lehrperson als freiwillige Dienstentsagung«. Ähnliche zölibatäre Regelungen galten auch in der Schweiz.

Ein Grund für diese staatliche »Fürsorge« war das Bestreben, die Frauen vor einer »Überbürdung«, wie es damals hieß, zu schützen, da die Doppelbelastung von Familie und Beruf gesundheitliche Probleme für die Frau mit sich bringen könnte – eine Fürsorge, die man den Arbeiterinnen in der Fabrik oder auf dem Lande bezeichnenderweise nicht angedeihen ließ. Tatsächlich jedoch war die rührende »Rücksichtnahme« vor allem der Furcht vor weiblicher Konkurrenz geschuldet und insofern ein probates Mittel der Arbeitsmarktpolitik.

Die Weimarer Verfassung beseitigte diese Ungerechtigkeit 1919, aber bereits 1923 wurde in der »Verordnung zur Herabminderung der Personalausgaben des Reiches« wieder dekretiert, dass verheirateten Lehrerinnen zu kündigen sei. Diese Regelung wurde während der NS-Zeit noch verschärft, und auch nach 1945 gab es für Frauen bis 1951 (in Baden-Württemberg bis 1956) nur den Verzicht auf eine Ehe, wollten sie weiter im Lehramt tätig bleiben. Allerdings fand sich bei einigen Vertreterinnen der Frauenbewegung durchaus eine Akzeptanz des zölibatären Lehrerinnendaseins, weil man glaubte, sich dadurch stärker der pädagogischen Berufung verschreiben zu

»Weibliche Beamte«: »Daß wir ihnen das Brot wegnehmen, haben die Männer sich selbst zuzuschreiben. Warum heiraten sie uns nicht.« – Karikatur aus dem Simplicissimus (10. Jg., 1905).

können. Ein bemerkenswertes Argument brachte übrigens 1920 ein christlich-sozialer Abgeordneter im Tiroler Landtag, der befürchtete, eine schwangere Lehrerin könne ein »unmittelbares Objekt sexueller Aufklärung« darstellen, was den Schulkindern nicht zuzumuten sei. Über die zölibatären Zumutungen, denen man die Frauen aussetzte, ist nichts zu vernehmen.

Während es in England Schuluniformen gibt und in Deutschland die Gymnasiasten bis Anfang der 1930er-Jahre Schülermützen trugen (eine Mode, die sogar Schülerinnen in einigen Städten Deutschlands übernahmen), gab es für Lehrerinnen und Lehrer zwar keine Uniformen, aber doch so etwas wie einen »Dresscode«. War es für Lehrer zumindest früher immer leicht, bei der geringen Bandbreite möglicher

Kleidungsstücke das dienstliche Dekorum zu wahren, hat es die Mode für Frauen vielseitiger und insofern komplizierter gemeint. Bis etwa 1919 war es die brave Eleganz von weißen Blusen, dunklen Röcken und dunklen Kleidern, deren Schnitt sich allem verweigerte, was die Modejournale gerade offerierten. Einen kleinen Hinweis mögen vielleicht Kleiderregeln geben, die zwar 1915 für Lehrerinnen in Nordamerika verfasst wurden, die aber auch in Europa gelten konnten. Die Frauen durften keine Kleidung in hellen, leuchtenden Farben tragen, sie mussten wenigstens zwei Unterröcke anziehen, die Röcke durften höchstens fünf Zentimeter über den Knöcheln enden, und unter keinen Umständen war es den Lehrerinnen erlaubt, sich die Haare zu färben. Während der »Roaring Twenties« wurde vieles anders, selbst wenn die »Wildheit« meistens vor den Schultoren endete. In der NS-Zeit achtete man wieder stärker auf Uniformiertheit, denn die Kleidung sollte ebenfalls »gleichgeschaltet« sein. Nach dem Krieg wurden langsam die Röcke kürzer, und Hosen durften nicht nur im Winter getragen werden.

Doch Modefragen stellten sicher die geringsten Sorgen für die Schule des 20. Jahrhunderts dar. Zu Beginn dieses Jahrhunderts wurde ein pädagogisches Werk veröffentlicht, das mehr Aufsehen erregte und Wirkung entfaltete als viele Bücher davor und danach. 1902 erschien die deutsche Übersetzung von *Das Jahrhundert des Kindes*, das in Schweden 1900 veröffentlicht worden war, dort aber weniger Beachtung gefunden hatte als in Deutschland, wo es riesige Auflagen erzielte; bei der Autorin handelt es sich um **Ellen Key** (1849–1926), eine Tochter aus einem an Bildung interessierten Hause. Ihr Vater, ein liberaler Reichstagsabgeordneter, weckte ihr Interesse an politischen und sozialen Fragen, und er sorgte auch dafür, dass sie Fremdsprachen lernte. Die Familie Key lebte viele Jahre auf ihrem Gut in Sundsholm, einem kleinen Ort im Småland, inmitten der waldreichen und idyllischen Natur, und hier wuchs Ellen in großer Geborgenheit auf. Dieses Leben änderte sich, als Ellen 20 Jahre alt war und die Familie wegen der politischen Arbeit des Vaters nach Stockholm umzog. Ellen erhielt als Sekretärin des Vaters Einblick in politische Arbeit und alle damit verbundenen Probleme, bedeutsam und sehr ungewöhnlich

Artikel 14

Verheiratete weibliche Beamte

(1) Das Dienstverhältnis verheirateter weiblicher Beamter und Lehrer im Dienste des Reichs, der Länder und Gemeinden (Gemeindeverbände) kann jederzeit am 1. Werktag eines Monats zum Monatsende gekündigt werden, sofern nach dem Ermessen der zuständigen Behörde die wirtschaftliche Versorgung des weiblichen Beamten gesichert erscheint. Dies gilt auch bei lebenslänglicher Anstellung.

(2) Entgegenstehende längere vereinbarte oder gesetzliche Kündigungsfristen treten außer Kraft; bestehende kürzere Kündigungsfristen bleiben wirksam.

(3) Abs. 1 und 2 finden auf verheiratete weibliche Beamte und Lehrer im einstweiligen Ruhestand sinngemäß Anwendung.

für eine junge Frau jener Zeit. Obendrein schrieb Key – anfangs unter dem Namen ihres Vaters – Zeitungsartikel, woraus sich später eine regelmäßige Tätigkeit vor allem für das liberale *Aftonbladet* ergab.

Doch dann traf Ellen Key ein Schicksalsschlag. Der Vater geriet in große finanzielle Schwierigkeiten, und sie hatte selbst für ihren Unterhalt aufzukommen – also wurde sie, die bisher nur an einer Sonntagsschule unterrichtet hatte, Lehrerin an einer Mädchenschule. Hier erprobte sie völlig neue Prinzipien und ließ die Kinder das zu Lernende selbst entdecken; vor allem achtete sie darauf, die Individualität der ihr Anvertrauten zu fördern. In vielen Zeugnissen schwärmten ihre Schülerinnen geradezu von ihr und ihrem Unterricht – eine Erfahrung, die nicht viele pädagogische Theoretiker machen dürfen! Dazu trug vermutlich die Tatsache bei, dass Key sogar sexuelle Themen behandelte, die in der damaligen Zeit zwar noch mit einem

»Zwangszölibat« für Lehrerinnen: der Artikel 14 »Verheiratete weibliche Beamte« von 1923.

Tabu belegt, für die emanzipatorische Entwicklung der Mädchen aber wichtig waren. Auch setzte sie sich mit der Frauenbewegung auseinander; sie forderte aber nicht etwa nur Gleichberechtigung, sondern hielt diese allein dann für wichtig, wenn man der Mütterlichkeit den höchsten Rang einräumte. Eine Formulierung wie »die Frauenemanzipation [sei] tatsächlich die größte egoistische Bewegung des 19. Jahrhunderts« von Key macht es nachvollziehbar, dass Autorinnen wie Hedwig Dohm die Schwedin auf die Liste der »Anti-Feministen« setzte.

Gewissermaßen als eine Art pädagogische »Vision« – wiewohl man mit diesem Begriff vorsichtig umgehen sollte – veröffentlichte Key zu Beginn des neuen Jahrhunderts eine neue Sichtweise auf Bildung und Unterricht, indem sie das »Jahrhundert des Kindes« prokla-

Links: Schulkleidung eines Münchner Modehauses; rechts: englisches Modejournal für Lehrerinnen.

mierte mit der zentralen Aussage, dass Erziehung »vom Kinde aus« zu geschehen habe. Dieser Aufruf sollte der Erziehung neue Impulse geben, und das Wesentliche in Keys Aussagen (was sie zur Säulenheiligen der Reformpädagogik machte) ist die Intention, Selbsttätigkeit und Selbstständigkeit zu fördern, das Kind sich aus eigenem Antrieb entwickeln zu lassen und nicht Vorgefertigtes hineinzuzwingen. An anderer Stelle steht der immer wieder zitierte Satz: »Ruhig und langsam die Natur sich selbst helfen lassen und nur sehen, dass die umgebenden Verhältnisse die Arbeit der Natur unterstützen, das ist Erziehung.« Und diese Erziehung sollte möglichst daheim, möglichst von der Mutter geleistet werden. Ebenso wichtig aber war sicherlich ihre strikte Absage an die körperliche Züchtigung – ein Ziel, das in Europa erst lange nach ihrem Tode erreicht wurde.

Von allen ihren Ausführungen aber scheint eine kaum hinreichende Beachtung gefunden zu haben, vielleicht weil sie gleichermaßen schwer und leicht zu realisieren ist: Lehrerinnen und Lehrer können nur dann überzeugend und einfühlsam wirken, wenn sie sich an ihr eigenes Kindsein, an die Sorgen, Ängste und Freuden erinnern, die ihre Kindheit bestimmten. Oder, wie es Key ausdrückt: »Selbst wie das Kind zu werden, ist die erste Voraussetzung, um Kinder zu erziehen.« Leider hat diese Feststellung keinen Stellenwert in der Lehrerausbildung und kaum einen im »Selbstbewusstsein« von Lehrern erhalten. Nur zur Einschulung von Erstklässlern erinnert man sich zuweilen dieser Tatsache, aber dann zitiert man lieber Erich Kästner: »Nur wer erwachsen wird und Kind bleibt, ist ein Mensch.« Doch weder Key noch Kästner sind mit dieser zentralen Feststellung weiter als bis in Sonntagsreden vorgedrungen. Obwohl das Werk der Schwedin hohe Auflagen erzielte und teilweise überschwängliche Begeisterung hervorrief, stieß es vor allem nach den Erfahrungen der NS-Zeit auf heftige Kritik. Keys Bezugnahme auf Charles Darwin und Ernst Haeckel, ihr Plädoyer für den neuen Menschen, der nur als gesundes Wesen Kinder bekommen dürfe, nahm Ideen der Eugenik auf, die 30 Jahre später verderbliche Praxis wurden. Ihre pädagogischen Vorstellungen jedoch fanden Eingang in die Vorstellungen zur Schulentwicklung anderer Reformer.

Die Autorin und Pädagogin Ellen Key im Jahr 1908.

Anfang des 20. Jahrhunderts gab es auch in der Pädagogik eine Art Aufbruchseuphorie, und während Ellen Key – gewissermaßen in abstrakter Vision – gleich das gesamte Jahrhundert auf das Kind verpflichten wollte, ging es Maria Montessori sehr viel pragmatischer um konkrete Verbesserungen für Kinder. Betrachtet man das letzte Jahrhundert in historischer Perspektive, so hatte Key den publizistischen Erfolg mit hohen Auflagen, aber nicht hundert Jahre anhaltender Wirkung, wohingegen Montessori ihre Ideen inzwischen in unzähligen Schulen überall in der Welt akzeptiert sehen könnte. Und was den nummerischen Erfolg ihrer Ideen angeht, so dürfte sie mit etwa 40 000 Institutionen weltweit, die diesen Ideen verpflichtet sind, andere pädagogische Theoretiker wie beispielsweise Rudolf Steiner weit überholt haben. Montessori hat die Grundlagen für ein gewaltiges pädagogisches Imperium geschaffen, das – ohne Imperatorin – wesentlich die Erziehung vieler junger Menschen bestimmt hat und immer noch bestimmt.

***

Maria Montessori (1870–1952) gehört zu jenen Menschen, an die man sofort denkt, wenn die Begriffe »Kind«, »Pädagogik«, »Reform« genannt werden. Zwar war eine Arbeit als Lehrerin eigentlich nicht ihr

Lebensziel, doch im Laufe der Jahre wurde sie genau das – zwar nicht in der Schule, sondern für Lehrerinnen und Lehrer und für alle, denen das Wohl kleiner wie großer Kinder am Herzen liegt. Montessori wurde in dem kleinen Ort Chiaravalle in der Provinz Ancona geboren, doch bald zog die Familie nach Rom, wo das Mädchen eingeschult wurde. Vater wie Mutter waren an einer guten Ausbildung der Tochter interessiert, selbst wenn der Vater manchen für die damalige Zeit ungewöhnlichen Berufsplänen der Tochter ablehnend gegenüberstand. Nach dem Schulabschluss wollte sie Medizin studieren. Damals war dieses Fach allein Männern vorbehalten, und Maria Montessori wurde abgewiesen; erst nach längerem Bemühen ließ man sie dennoch zu. 1896 promovierte sie mit exzellenten Ergebnissen als erste Ärztin Italiens, und ihr vorher so abweisender Vater war stolz auf seine tüchtige Tochter. Nach der Promotion erhielt sie sogleich eine Anstellung an einer der Universität angeschlossenen Klinik. Mit einem hier arbeitenden Kollegen geht sie eine Liebesbeziehung ein, will aber nicht heiraten, obwohl sie ein Kind erwartet, und verabredet mit dem Mann beiderseitige Ehelosigkeit. Da dieser sich nicht an die Abmachung hält, sondern heiratet, verlässt sie die Klinik. Der Sohn wird für einige Zeit in Pflege gegeben, doch später bekennt sich Montessori zu ihm, und er wird ihr engster Mitarbeiter.

Ihr medizinisches Interesse galt der Kinderheilkunde, und sie arbeitete an der römischen Klinik besonders intensiv für Kinder, von denen man annahm, sie seien geistig zurückgeblieben. Dabei machte sie jene Erfahrung, die später konstitutiv wurde für ihre Pädagogik: Nur in einer anregenden, für die kleinen Menschen förderlichen Umgebung kann sich eine geistige Entwicklung vollziehen, die auch der praktischen, im wahrsten Sinne des Wortes begreifbaren Aktivität bedarf. Kurz gesagt, forderte sie eine Entwicklung des Intellekts durch eine Erziehung der Sinne. Vor allem dem behinderten Kind galt ihre Sorge und Fürsorge und damit der Ausbildung von Lehrerinnen und Lehrern, die sich ebenfalls dafür engagieren wollten.

Um ihre Ideale praktisch umzusetzen, gründete sie in einem armen Stadtteil Roms die »Casa dei Bambini«, das »Kinderhaus« – heute würde man »KITA« sagen – für Kinder aus sozial schwachen Familien,

um die sich damals kaum jemand kümmerte. Zwei Jahre leitete Montessori das Haus selbst und nutzte diese Zeit für wissenschaftliche Forschung durch Beobachtung der Kinder, und die dabei gewonnenen Erfahrungen bilden die Grundlage für ihre weitere Arbeit. Die zentrale Einsicht, die Montessori hier gewann, konzentriert sich in jener Aufforderung, die man später als Leitsatz über ihre Pädagogik setzen wird: Hilf mir, es selbst zu tun! Die Lehrenden müssen die Individualität eines Kindes fördern, ohne in den Lernprozess dirigistisch einzugreifen; sie sind begleitende Beobachter, die nur

Maria Montessori im Jahr 1951, umringt von Schülerinnen und Schülern der Gatehouse School in London.

gewünschte Hilfestellung geben und die Selbstaktivierung der kindlichen Kräfte unterstützen. Natürlich gab es auch erhebliche Kritik an Montessoris Vorstellungen und der Realisierung ihrer Ideen. Einer der Einwände betrifft zum Beispiel die Vernachlässigung von Ästhetik und Kreativität, doch hat Montessori immer gefordert, sich mit ihren Entwürfen kritisch auseinanderzusetzen.

1916 übersiedelte sie auf Einladung der spanischen Regierung nach Barcelona und blieb dort bis 1936 – der faschistische Putsch und der Bürgerkrieg lassen sie in die Niederlande emigrieren. Vorher schon musste sie erleben, dass die ihren Ideen verpflichteten Schulen in Deutschland vom NS-Regime geschlossen wurden, und auch in Italien ließ Benito Mussolini, der anfangs ihre Unterstützung suchte, die Arbeit ihrer Schulen verbieten, da sie eine Integration dieser Einrichtungen in die faschistische Jugendarbeit ablehnte. Montessoris Einsatz für den Frieden brachte ihr drei Jahre hintereinander die Kandidatur für den Friedensnobelpreis ein – jedoch erhielt sie ihn nicht. 1952 stirbt sie in Noordwijk aan Zee und wird auf dem dortigen katholischen Friedhof beerdigt. Ihr großes, kreisförmiges Grabmal trägt eine Inschrift in italienischer Sprache, in der alle Kinder gebeten werden, sich für den Frieden einzusetzen.

***

Wer Anfang des letzten Jahrhunderts im Bildungswesen Reformen anstrebte, suchte den Kontakt zu Maria Montessori – um danach häufig eigene Wege zu gehen. Dies tat auch die Wienerin **Eugenie Schwarzwald** (1872–1940), die in einer Wiener Zeitung begeistert über eine Begegnung mit der »Dottoressa Montessori« schreibt. Schwarzwalds pädagogische Arbeit weist zwar Ähnlichkeiten mit der von Montessori auf, verfolgt aber im Prinzip andere pädagogische Konzepte. Geboren als Eugenie »Genia« Nußbaum in einem kleinen Ort im Osten Galiziens und aufgewachsen in einer gutsituierten jüdischen Familie in Czernowitz, besuchte sie dort die Schule, konnte aber nicht studieren, da seinerzeit in der k. u. k. Monarchie Frauen zum Universitätsstudium nicht zugelassen waren. Also tat die junge

Eugenie das, was viele ihrer Geschlechtsgenossinnen in Europa taten – sie schrieb sich in der Schweiz an der Universität in Zürich ein und promovierte 1900. Die fünf Jahre ihres Studiums der Germanistik, Anglistik, Philosophie und Pädagogik in ungewohnter Freiheit mit vielen Freundinnen und Freunden, mit lebhaften Diskussionen und regem Gedankenaustausch zählte sie zu den schönsten ihres Lebens. Es entbehrt nicht der tragischen Ironie, dass Eugenie Schwarzwald 40 Jahre später in der Stadt ihres studentischen Glücks als Emigrantin stirbt.

Nach dem Studium kehrte sie nach Wien zurück, heiratete den Jugendfreund Hermann Schwarzwald, der Karriere in der Finanzwirtschaft und -politik machte, und bestritt ihren Lebensunterhalt durch Vorträge zu literarischen Themen in Damenzirkeln. Ihr eigentliches Ziel aber, als Lehrerin an einer eigenen Schule zu wirken, verlor sie nicht aus den Augen, und so konnte sie 1901 von einer in den Ruhestand tretenden Schulleiterin ein Lyzeum mitten in der Stadt übernehmen. Ähnlich wie in Deutschland und England waren es in Österreich ebenfalls vor allem die Frauen, die den größten Anteil hatten an der Entwicklung des Mädchenschulwesens, und unter diesen war Eugenie Schwarzwald wohl nicht die größte Theoretikerin, wohl aber die aktivste, umtriebigste, prominenteste, einflussreichste, am meisten bewunderte und nicht selten kritisierte Pädagogin in Wien zwischen 1900 und 1938. Ihr Reformansatz war eher ein etwas eklektischer – von allem ein wenig, aber besonders viel vom Künstlerischen, von der Förderung kindlicher Kreativität.

Eugenie Schwarzwald hatte schon früh Lehrerin werden wollen, und ihre Intention war die gleiche, die viele andere junge Menschen haben, wenn sie sich dem Lehrberuf zuwenden – sie wollte eine Schule ohne jene Fehler, unter denen sie zu leiden gehabt hatte. In einem Artikel der *Neuen Freien Presse* unter dem Titel *Die fröhliche Schule* beschreibt sie 1926, wie eine Schule nach ihrem Herzen beschaffen sein müsse. Auch bei ihr steht unsichtbar über dem Artikel (und über ihrer imaginären Schultür) das Motto »Auf den Lehrer kommt es an«; natürlich sind bei dieser Formulierung auch die Lehrerinnen mitgemeint, denn anderes hätte die frauenbewegte Eugenie Schwarz-

Eugenie Schwarzwald entwickelt das pädagogische Konzept der »Fröhlichen Schule« und wurde eine der bedeutendsten Pädagoginnen und zentralen Figuren im kulturellen und sozialen Leben Wiens.

wald nicht toleriert. »Die Reform dieser neuen Schule [i.e. die fröhliche] beginnt beim Lehrer. [Er muss merken], dass Langeweile ein Gift ist, welches Kindern nicht einmal in den kleinsten Dosen gereicht werden darf, dass Fröhlichkeit ein unentbehrliches Lebensmittel ist, dass ein freundlicher Blick für den Stoffwechsel eines Kindes mehr bedeutet als eine lange Radtour.« Eugenie Schwarzwald schien in ihrer Schule, einem Mädchenlyzeum, das im Laufe der Zeit Teil der »Schwarzwald'schen Schulanstalten« wurde, genau das geschafft zu haben – eine fröhliche Schule. Darauf lassen jedenfalls die zahlreichen begeisterten Zeugnisse der gemeinsam unterrichteten ehemaligen Schülerinnen und Schüler schließen, denn eine der bemerkenswerten Neuerungen jener Schulen war die Einführung der Koedukation.

Eine dieser »Ehemaligen«, die Schriftstellerin Alice Herdan-Zuckmayer, widmete den Erinnerungen an ihre hochgeachtete Lehrerin ein ganzes Buch. Die kleine Alice hatte schreckliche Erfahrungen an ihrer alten Schule gemacht und war nun mit der Mutter ängstlich zu Eugenie Schwarzwald mit der Bitte um Aufnahme gekommen. Und dann winkt diese sie, die kleine Alice, zu sich, und Herdan ist noch nach vielen Jahren voller Erstaunen. »Ich kam ihr ganz nahe, erwartete ihr Urteil. Sie tat etwas Erschreckendes: Sie nahm mich auf den Schoß. Da saß ich und fühlte zum ersten Mal eine

Brust und einen Bauch atmen, kein Panzer aus Fischbein, nur ein Stück Stoff war zwischen uns.« Diese Erfahrung kann man auf die Erziehungsprinzipien von Schwarzwald übertragen – eine Pädagogik ohne Fischbein und Korsett, eine Bildung in Freiheit und zur Freiheit. Zwar galten die Vorgaben von Lehrplänen, regelmäßige Jahresberichte legen davon Zeugnis ab, doch die Vorgaben von Konventionen wurden von Schwarzwald sehr großzügig behandelt und, wenn es im Interesse der Kinder war, auch negiert. Und sie tat das, was eine gute Schulleiterin tun muss – sie nervte die Ministerialen und andere Bürokraten und setzte sich unermüdlich und mit großem Elan für ihre Schulgemeinde ein.

Eugenie Schwarzwald war aber nicht nur Lehrerin und Leiterin, eine geschickte »Weberin« von Netzwerken, sondern sie war zugleich eine große Organisatorin von Wohltätigkeitsunternehmungen wie Gemeinschaftsküchen (in Wien und sogar in Berlin), Ferienkolonien für Großstadtkinder und Erholungsheimen wie einem Heim am Grundlsee. Vor allem dieses große Haus im Salzkammergut war im Sommer ein Treffpunkt für Ehemalige, für Freunde und Weggefährten der Schwarzwalds. Zu den Gästen gehörten Helmut James Graf Moltke und Freya Deichmann, die auch als Ehepaar Eugenie Schwarzwald verbunden blieben. Sowohl am Grundlsee wie in Wien hielt sie gewissermaßen Hof, und sie gehörte zu dem Typus der »Salondame«, von denen es im 20. Jahrhundert nur noch wenige gab. In ihrem Salon in Wien konnte man wichtige Künstler der damaligen Zeit treffen wie Karl Kraus, Robert Musil, Jakob Wassermann, Rainer Maria Rilke oder solche, die es noch werden sollten, wie Elias Canetti oder Karl Popper.

Schwarzwald war sicherlich nicht immer einfach in ihrer impulsiven, offenen, zuweilen etwas lauten Art, mit der sie die Menschen für sich einnahm, zuweilen gar vereinnahmte. Jakob Wassermann beschreibt sie als eine Frau von untersetzter Statur mit Neigung zur Korpulenz, mit kräftigem Nacken, kurzen Haaren und einer Stimme, die wie eine Trompete schmetterte. Und beindruckt von ihr, nennt er sie in einem Feuilletonartikel der Zeitung *Neue Freie Presse* (21. Juni 1925) ein »Genie der Hilfeleistung«. Ohne sie wäre ein großer Teil der Wiener Bevölkerung in den Notjahren des Krieges verhungert, denn »sie wusste Nahrungsmittel zu beschaffen, wo eine Ratte nichts mehr für ihre leeren Eingeweide fand«. Eine solche Fürsorglichkeit, die sie im Interesse ihrer Schülerinnen und Schüler wie zudem all der anderen Menschen, die dieser bedurften, immer wieder einsetzte, machte Eugenie Schwarzwald zu einer der zentralen Figuren im kulturellen wie sozialen Leben Wiens und zu einer bedeutenden Pädagogin. Vor dem »Anschluss« Österreichs an das Deutsche Reich 1938 befand sie sich auf einer Vortragsreise in Dänemark, wo sie sich auch einer Krebsoperation unterzog, und konnte nicht mehr zurück nach Wien. Sie fuhr deshalb nach Zürich, wo sie bis zu ihrem Tode 1940 von Freundinnen gepflegt wurde.

***

Wie Schwarzwald aus Österreich, so mussten auch viele Pädagoginnen aus Deutschland emigrieren, und eine dieser Frauen war die Berlinerin **Alice Salomon** (1872–1948). Deren Bedeutung für das Ausbildungswesen im sozialen Bereich wurde nach dem Zweiten Weltkrieg dadurch wieder ins Bewusstsein der Öffentlichkeit gerufen, dass nicht nur viele Schulen, sondern sogar eine Fachhochschule nach ihr benannt wurden. Salomon wuchs in einer liberalen, bildungsorientierten jüdischen Familie in Berlin auf und wurde nach den Prinzipien der damaligen Zeit zu einer künftigen Hausfrau erzogen. Als Ausweg begann sie sich im sozialen Bereich und in der Frauenbewegung zu engagieren. Die Frühphase ihres Engagements datierte Alice Salomon in ihrer Autobiografie *Lehrjahre* auf die Zeit von 1893 bis 1899, in der sie sich vor allem der Wohlfahrtsorganisation Mädchen- und Frauengruppen für soziale Hilfsarbeit widmete. Hier wurde »höheren Töchtern« die Möglichkeit geboten, im Dienste der Allgemeinheit sinnvoller und fürsorglicher zu arbeiten, als es gemeinhin in ihren Kreisen üblich war.

Von Beginn ihrer Sozialarbeit an kooperierte Alice Salomon mit den wichtigsten und einflussreichsten Frauen in diesem Bereich – nicht nur in Deutschland, sondern bald ebenso auf internationaler

Ebene. Und während dieser Tätigkeit wurde ihr bewusst, dass sie eine akademische Ausbildung brauchte, um akzeptiert zu werden. Obwohl ihre schulischen Voraussetzungen eigentlich kein Universitätsstudium erlaubten, ließen progressive Professoren sie dennoch zu, da sie durch zahlreiche Artikel in Zeitschriften und Buchbeiträgen ihre wissenschaftliche Qualifikation bereits unter Beweis gestellt hatte. Von 1902 an studierte sie an der Berliner Universität Nationalökonomie und Philosophie und promovierte 1906 mit einer Arbeit zu dem auch heute noch wichtigen Thema »Die Ursachen der ungleichen Entlohnung von Männer- und Frauenarbeit«. Neben ihrer wissenschaftlichen und fürsorgerischen Arbeit betätigte sich Alice Salomon in der Frauenbewegung, und dazu gehörte natürlich die Mitgliedschaft in verschiedenen Vereinigungen. Am bedeutsamsten war wohl der Beitritt zum Bund Deutscher Frauenvereine (BDF), einer Art Dachorganisation für die bürgerlichen Frauengruppen, und dort stieg sie durch ihre Kompetenz, ihre Einsatzfreude und nicht zuletzt durch ihre Eloquenz bald zur zweiten Vorsitzenden auf – erste Vorsitzende war Gertrud Bäumer, mit der sie durch gemeinsame Arbeit lange verbunden war. Zwischen beiden Frauen aber kam es zum Bruch, als Salomon die zugesagte Nachfolge von Bäumer durch diese ängstlich verweigert wurde, da angeblich der jüdische Nachname von Salomon der Reputation des Bundes abträglich wäre.

Anders als Bäumer und viele andere Aktivistinnen der Frauenbewegung war Salomon weltläufig und verfügte über ein gewandtes Auftreten in unterschiedlichen Kreisen – sei es im englischen Hochadel oder bei Honoratioren im mittleren Westen der USA. Sie referierte auf nationalen wie internationalen Veranstaltungen, wobei die wichtigste sicherlich eine des International Council of Women war. In einer Zeit von ausgeprägt nationalistischen Tendenzen war eine internationale Vereinigung etwas Außergewöhnliches, und es ist wohl bezeichnend, dass es Frauen waren, die sich hier zusammenschlossen. Salomon wählte man sehr bald zur Sekretärin dieser Vereinigung und nach dem Ersten Weltkrieg zur Vizepräsidentin. Ferner wurde sie auch fachliche Beraterin des Völkerbundes und repräsentierte Deutschland in vielen Ländern bei sozialpädagogischen Konferenzen.

Alice Salomon engagierte sich stark im sozialen Bereich und gilt als Wegbereiterin für die anerkannte Sozialarbeit. Fotografie um 1930.

Alle Aktivitäten Salomons aber wären vermutlich ohne bleibende Wirkung gewesen, hätte sie nicht die für Mädchen und Frauen wichtige Erkenntnis institutionell umgesetzt, Sozialarbeit sei nicht nur eine Art »Freizeitbeschäftigung« unausgelasteter höherer Töchter, sondern eine Tätigkeit, zu der es einer intensiven Ausbildung bedürfe. Und so schuf Salomon 1908 eine Einrichtung, durch die ihre Bedeutung für die Sozialpädagogik bis heute Bestand hat – die Soziale Frauenschule in Berlin Schöneberg, die von Beginn an ein großer Erfolg war. Im Laufe der Jahre zunehmend erweitert und zur Fachhochschule geworden, konnte diese Schule als Alice Salomon Hochschule 2008 ihr 100-jähriges Bestehen feiern. Die Gründerin hatte Maßstäbe gesetzt, und sie etablierte damit zugleich ein Vorbild für viele andere entsprechende Einrichtungen nicht nur in Deutschland.

Ein Problem aber blieb für Salomon, dass der gesamte Komplex der Sozialarbeit noch nicht auf Hochschulniveau gelehrt wurde, aber ein Zugang zur Universität für diese Thematik kaum möglich sein würde.

Also gründete Alice Salomon zusammen mit bedeutenden Vertretern dieses Faches in Berlin die »Deutsche Akademie für soziale und pädagogische Frauenarbeit«, die von ihr und ab 1928 von ihr gemeinsam mit Hilde Lion geleitet wurde. In ihren Erinnerungen schreibt Salomon von einer »krönenden zentralen Einrichtung«, die ein Aufbaustudium gewährleistete. In der Institution wurde nicht nur gelehrt, sondern auch auf universitärem Niveau geforscht; viele Anregungen für diese

Neugründung hatte Salomon durch ihre Erfahrungen in den USA erhalten. Zu den Lehrenden und Vortragenden gehörten die bekanntesten Wissenschaftler der damaligen Zeit, wie der Physiker Albert Einstein, der Philosoph, Pädagoge und Psychologe Eduard Spranger und der Religionsphilosoph und Theologe Romano Guardini. Auch diese Institution wurde sofort sehr erfolgreich, doch bereits acht Jahre später, im Mai 1933, musste die Akademie aus politischen Gründen ihre Pforten schließen. Alice Salomon konnte nur noch wenige Jahre in Berlin bleiben; 1937 wurde sie von der Polizei vorgeladen, verhört und angewiesen, innerhalb von drei Wochen Deutschland zu verlassen. Freunde halfen ihr, über England in die USA zu emigrieren, wo sie sich in New York niederließ. Auch wenn sie in Amerika viele Menschen kannte, so wurde es für sie doch schwer, Arbeit zu finden, um ihren Unterhalt bestreiten zu können. 1942 richtete man ihr eine große Feier zum 70. Geburtstag aus, über die sogar die *New York Times* schrieb. Doch es wurde zunehmend problematischer, eine Anstellung zu finden, allmählich verringerten sich die Finanzen, und auch die Gesundheit verschlechterte sich. 1948 stirbt Alice Salomon allein in ihrer kleinen Wohnung; zu ihrer Beerdigung kommen nur wenige Menschen. Nach ihrem Tode brauchte es relativ lange, bis der Rang dieser bedeutenden Frau des deutschen und internationalen Bildungswesens wieder angemessen gewürdigt wird.

***

Gleich nach der Machtübernahme 1933 kam es in Deutschland durch die Emigration all derer, die noch rechtzeitig die Möglichkeit zur Flucht hatten nutzen können, zu einer außerordentlichen Verarmung in allen Lebensbereichen. Während Alice Salomon erst relativ spät ins Exil ging, verließen viele ihrer Kolleginnen Deutschland schon sehr viel früher. Zu diesen gehörte auch **Hilde Lion** (1893–1970), die zusammen mit Salomon die »Akademie für Frauenarbeit« in Berlin geleitet hatte. Das Berufsziel der gebürtigen Hamburgerin Lion lautete schon früh »Lehrerin«. Die Erfahrungen in einer von Kindern aus ärmeren Schichten besuchten Schule veranlassten die Tochter einer gut situierten Kaufmannsfamilie, sich im Wohlfahrtsbereich weiterzubilden. Sie absolvierte ein Studium am Sozialpädagogischen Seminar in Hamburg unter Gertrud Bäumer, studierte Volkswirtschaft und promovierte bei Leopold von Wiese über »Aspekte der klassenkämpferischen und katholischen Frauenbewegung in Deutschland«.

Aber sie schrieb nicht nur über politische Theorie, sondern arbeitete auch praktisch parteipolitisch in der Deutschen Demokratischen Partei, in der sich Gertrud Bäumer und Helene Lange ebenfalls engagierten. Ihre Kenntnisse im Unterrichts- und Wohlfahrtsbereich vertiefte sie von 1925 an durch ihre Tätigkeit im »Verein Jugendheim«, einer privaten sozialpädagogischen Einrichtung in Berlin-Charlottenburg, die ursprünglich für die Kinder von Arbeitern einer Berliner Fabrik geschaffen worden war. Im Laufe der Jahre entwickelte sich daraus ein kleines pädagogisches Universum mit Kindergärten und -horten, Kinderheimen und Landjugendheimen – ein Unternehmen, das Vorbildcharakter gewann, aber wie alle fortschrittlichen Einrichtungen nach 1933 geschlossen wurde. Mit den in dieser Institution gewonnenen Erfahrungen war Lion gewissermaßen die ideale Besetzung, um die leitende Funktion in der Akademie für soziale und pädagogische Frauenarbeit zu übernehmen. Aber schon Anfang 1933 wurde von den Machthabern ihre Entlassung gefordert, und so beschloss der Vorstand unter Leitung Alice Salomons, die Akademie aufzulösen und sie nicht den Nazis zu überlassen.

Hilde Lion flüchtete nach England, wohin ihr Emmy Wolff, Lebensgefährtin und Kollegin, bald nachfolgte. Auch wenn es häufig für Emigranten schwer war, einen neuen Job zu finden, so gab es für die Lehrerin Lion eine große Aufgabe. Zahlreiche Kinder waren, nicht selten unbegleitet, von Deutschland ins Königreich gekommen und mussten zur Schule gehen, da galt es, auch eine Lösung für die fehlende englische Sprachkompetenz zu finden. Lion wandte sich an die Quäker, und Bertha Bracey, die Generalsekretärin des German Emergency Committee, nahm sich der Sache an. Sie verschaffte Lion den Kontakt zu einer Lady, die ihr Haus in Haslemere (Surrey) mietfrei und möbliert zur Verfügung stellte, Spenden wurden gesammelt, und die Schule konnte gegründet werden. Die sehr attraktive Immobilie verfügte über einen großen, schönen Garten mit einer wunderbaren Aussicht über das Land, für gequälte Seelen eine Erholung.

Das Hauptziel der Schule bestand darin, wie es in der offiziellen Ankündigung hieß, die Kinder auf das ihnen bis dahin fremde englische Schulsystem vorzubereiten, die Sprache lernen zu lassen, sie mit englischer Lebensweise vertraut zu machen und sie ohne Vorurteile gegen ihr eigenes Land zu erziehen. Die Stoatley Rough School war als Boarding School für englische Verhältnisse insofern etwas Besonderes, als sie – den Umständen geschuldet – Jungen und Mädchen gleichermaßen aufnahm. Außergewöhnlich war auch, dass sie nicht konfessionsgebunden war und jegliche Form von körperlicher Züchtigung ablehnte – für Großbritannien damals unüblich; 1940 erkannte das Unterrichtsministerium die Schule offiziell an.

Die Stoatley Rough School war nicht die einzige Anstalt, die nach 1933 in Großbritannien für Flüchtlinge vom Kontinent gegründet wurde – die bekannteste Schule war sicherlich Gordonstoun in Schottland als »Ableger« von Salem –, doch die Schule in Surrey kann in verschiedener Hinsicht als bemerkenswert gelten. So gab es viel praktische »Lernarbeit«, die auch solche Kinder forderte, deren Interesse weniger auf die klassischen Schulfächer gerichtet war. Ferner war es nicht erst seit Ausbruch des Krieges wichtig, durch landwirtschaftliche Arbeit zur Ernährung beizutragen; deshalb galt während des Krieges auch in der Schule das Motto »digging for victory«. Der Schulleiterin fielen also viele Aufgaben zu, auf die eine Lehrerausbildung kaum vorbereitet hatte. Das hieß nicht nur die übliche Bilanzierung des Etats, nicht nur die Versorgung mit Lebensmitteln, sondern auch die Beschaffung von Gasmasken, Austeilen von Rationskarten und die abendliche Kontrolle der Verdunklung. Haslemere lag in der Einflugschneise der deutschen Bomber nach London, und so gab es während des »Blitz« ständig Fliegeralarm. Neben der Einwerbung materieller Unterstützung für die Schule war Lion aber besonders wichtig, dass die Kinder in der schweren Zeit, in der sie häufig nicht wussten, ob ihre Eltern noch lebten, Halt und Trost fanden.

Besonders in der Zeit der »Kindertransporte«, die fast 10000 vor allem jüdische Kinder nach England in Sicherheit brachten, war diese

Schule, waren viele Schulen gefordert. Jeweils am 2. Dezember begeht man übrigens heute noch den World Kindertransport Day in Erinnerung an den ersten Transport, der 1938 England erreichte. Nach dem Krieg wurde die Stoatley Rough School für englische Schüler aus sozial schwächeren Kreisen weitergeführt und erst 1960 geschlossen, als Hilde Lion in den Ruhestand trat. Etliche Jahre später begannen sich die »Ehemaligen« wieder zu treffen, tauschten Erinnerungen aus und gründeten einen Trust zur Erhaltung des Schularchivs und zur Durchführung regelmäßiger Ehemaligentreffen der »Stoatley Roughians«.

***

Betrachtet man die Namen der vielen jüdischen Lehrerinnen, die in der NS-Zeit fliehen mussten oder ermordet wurden, dann erscheint es fast als ein Wunder, dass eine solche Lehrerin das »Dritte Reich« in Deutschland überlebte. **Dora Lux**, geborene Bieber (1882–1959), gehörte zu jenen zahllosen Lehrerinnen, an die sich normalerweise nur noch – wenn überhaupt – ihre ehemaligen Schülerinnen und Schüler erinnern. Doch eine dieser Ehemaligen hat ihrer Lehrerin ein ganzes Buch gewidmet und somit verhindert, dass sie vergessen wird. In dem Band *Meine Lehrerin, Dr. Dora Lux* schreibt die Erziehungswissenschaftlerin Hilde Schramm über Erinnerungen an eine bemerkenswerte Frau, bei der sie von 1953 bis zum Abitur 1955 Geschichtsunterricht an einem Gymnasium in Heidelberg hatte. Aber dieses Buch ist sehr viel mehr, da die Biografie von Dora Lux nur durch intensive Recherchen zu erstellen war, denn, so die Autorin: »Dr. Dora Lux ist bislang eine völlig unbekannte Frau. Sie wird in keiner Studie zur Frauenbildung oder zum Nationalsozialismus erwähnt. […] Ihre zeithistorische und menschliche Bedeutung liegt darin, dass sie immer wieder die Grenzen des scheinbar Möglichen überschritt.«

Und dieses »Überschreiten« geschah in vielfacher Hinsicht und macht die Unbekannte zu einer Frau mit Vorbildcharakter für andere Frauen auch späterer Generationen. Sie gehörte im Kaiserreich zu den ersten Abiturientinnen, sie erkämpfte sich den Weg an die Uni-

Denkmal vor dem Berliner Bahnhof Friedrichstraße zur Erinnerung an Kindertransporte in der NS-Zeit zur Rettung jüdischer Kinder.

versität und studierte Altphilologie und Geschichte. In München war sie eine der ersten promovierten Frauen, sie legte das Staatsexamen für den höheren Schuldienst ab und war somit eine der ersten Studienrätinnen. Der schwierigste und gefährlichste jener Schritte aber geschah in der NS-Zeit, als sie sich den bürokratischen, zur Vernichtung führenden Anforderungen der Machthaber aus Selbstachtung entzog – wohl wissend, dass Entdeckung den Tod bedeutet hätte. Die Schülerin Hilde Speer, so der Mädchenname der Autorin, kannte alle diese Details aus dem Leben ihrer Lehrerin nicht oder höchstens in vagen Vermutungen, und möglicherweise wäre Dr. Dora Lux nicht so intensiv in Erinnerung geblieben und hätte gewissermaßen die Darstellung durch Hilde Schramm »herausgefordert«, wenn nicht etwas sehr Wesentliches hinzukäme. Als Lehrerin war sie eine Persönlichkeit: außerordentlich fähig, wirkungsvoll und achtungsgebietend, und ihr Unterricht war nachhaltig. Die Biografie dieser Pädagogin beschreibt aber nicht nur die Gefährdung jüdischen Lebens in der NS-Zeit, sondern schildert auch beeindruckend die Schwierigkeiten, die angehende Lehrerinnen am Anfang des vorigen Jahrhunderts zu überwinden hatten.

Dora Lux mit ihren Töchtern Eva und Gerda im März 1921.

Dora Bieber wurde 1882 in eine liberale, bildungsorientierte jüdische Familie hineingeboren und evangelisch getauft, weshalb sie in keiner jüdischen Gemeinde als Mitglied verzeichnet war – 50 Jahre später sollte dies von großer Bedeutung werden. Ihr Vater wünschte für sie und ihre Schwester eine Ausbildung mit der Möglichkeit zu einem Universitätsstudium, und so besuchten die beiden Mädchen die »Gymnasialkurse für Frauen«, die Helene Lange in Berlin eingerichtet hatte. Während Dora sich den Geisteswissenschaften zuwandte, wurde ihre Schwester Ärztin, und beide sollten durch die Erziehung und durch die schulischen Erfahrungen zu selbstständigen und emanzipierten jungen Frauen werden. Und diese Eigenständigkeit brauchte Dora Bieber auch, um den mühsamen Weg bis zur »approbierten« Studienrätin zu bewältigen.

Erst wenn man den Ausbildungsgang der angehenden Lehrerin aus heutiger Sicht betrachtet, wird deutlich, welche bürokratischen Hindernisse Frauen zu überwinden hatten, um als Lehramtskandidatin zur praktischen Ausbildung zugelassen zu werden, diese zu absolvieren, das Abschlussexamen zu bestehen und danach die Anstellungsfähigkeit attestiert zu bekommen. Für jeden der Schritte brauchte sie einen gesonderten Ministerialerlass, den das Provinzial-Schulkollegium jeweils zu beantragen hatte – was natürlich bei Männern nicht notwendig war. 1909 legte Bieber ihr Staatsexamen ab und gehörte damit zu den ersten zehn Gymnasiallehrerinnen in Preußen, deren Ausbildung der ihrer männlichen Kollegen gleichwertig war. Anders aber als diese bekamen Frauen nicht die Zusicherung einer Anstellung im Staatsdienst. Und so unterrichtete Bieber anfangs in den »Gymnasialkursen für Frauen«, in denen sie selbst ebenfalls ausgebildet worden war. Später bekam sie eine volle Stelle als Studienrätin an der Schule des Lette-Vereins, der 1866 »zur Förderung der Erwerbsfähigkeit des weiblichen Geschlechts« gegründet worden war.

1915 heiratete Dora Bieber den fast 20 Jahre älteren Ingenieur Dr. Heinrich Lux, der, politisch links stehend und unter Bismarck sogar in Haft, seiner Frau zwar nicht Wohlstand, aber jegliche Unterstützung für ihre berufliche Tätigkeit bot. Und anders als damals üblich, bleibt Dora Lux auch nach ihrer Heirat und nach der Geburt ihrer Töchter weiterhin berufstätig – für die damalige Zeit ungewöhnlich. Da an öffentlichen Schulen für Lehrerinnen das Zölibat galt und sie nach der Heirat aus dem Dienst ausscheiden mussten, konnte Lux vermutlich nur deswegen weiter unterrichten, weil ihr »Dienstherr« eine private Schule war. 1933 aber wurde Dora Lux entlassen, da die NS-Machthaber mit neuen Gesetzen für politisch Missliebige beziehungsweise für jüdische Beamte de facto ein Berufsverbot erließen. Ihre einzigartige innere Unabhängigkeit brachte sie aber zugleich in Lebensgefahr. Wie ihre Biografin Schramm herausfand, schrieb Lux noch mehrere Jahre regimekritische Artikel, und sie unterließ, unter Missachtung der Vorschriften, sich entsprechend ihrer jüdischen Herkunft registrieren zu lassen. Da sie in einer »Mischehe« lebte, war sie zwar vordergründig geschützt, aber der Gesetzesverstoß allein hätte bereits gravierende Folgen gehabt. Nur die Tatsache, dass die damalige Bürokratie noch nicht so »vernetzt« war wie die heutige, bewahrte sie vor dem Schlimmsten.

Kurz vor Kriegsende starb Heinrich Lux, und da die Witwe nicht mehr durch die Ehe geschützt war, floh sie zu Freunden nach Baden-Württemberg. Nach dem Krieg konnte sie durch Vermittlung des Philosophen Karl Jaspers einige Vorsemesterkurse an der Universität Heidelberg halten, danach fand sie eine Anstellung an der Elisabeth-von-Thadden-Schule, ebenfalls in Heidelberg. Dora Lux war zu diesem Zeitpunkt bereits 65 Jahre alt, musste aber dennoch arbeiten, da ihre Altersversorgung völlig unzureichend war. Es ist beschämend, dass eine Lehrerin mit diesem Schicksal um die Entschädigungszahlung der »Wiedergutmachung« zu kämpfen gezwungen war und von kärglicher Rente leben musste.

An dem evangelischen Mädchengymnasium, an dem sie bis 1956 unterrichtete, hinterließ sie, wie Hilde Schramm recherchierte, bei vielen ihrer Schülerinnen einen nachhaltigen Eindruck. Diesen galt Dora Lux als vorbildliche Lehrerin, als die prägende Pädagogin, sehr gebildet, sehr bescheiden und von allen respektiert. Sie verfügte über eine souveräne Autorität, die es nicht nötig hatte, laut zu werden. Mit ihrem Unterricht schaffte sie es, die Schülerinnen für ihr

Fach zu interessieren und neugierig zu machen – und das ohne den Fetisch »Methodenvielfalt«. Ihre innere Unabhängigkeit, ihre liberale, unvoreingenommene Denkweise, die immer alle Seiten eines Problems, eines historischen Ereignisses betrachtete, zeigte, so nennt es Schramm, eine »Geschichtslehrerin gegen den Zeitgeist«.

***

Frauen von hohen Politikern sind nicht prinzipiell dazu verdammt, nur als dekorative Begleitung zu fungieren und höchstens das »Damenprogramm« zu bereichern. Voraussetzung dafür ist allerdings, dass sie über Selbstständigkeit und Selbstbewusstsein verfügen und möglichst einen eigenen Beruf ausüben. Und **Hannelore Schmidt**, geborene Glaser (1919–2010), seit ihrer Kindheit »Loki« genannt, war selbstständig, selbstbewusst – und Lehrerin. Sie war aber auch die Frau eines Hamburger Senators, eines Verteidigungsministers und eines Bundeskanzlers, das heißt, sie musste ihre eigenen Interessen gegen den Politiker Helmut Schmidt behaupten. Und das tat sie seit ihrer Jugend, denn die beiden Hanseaten kannten sich bereits seit Klasse 5 der Lichtwarkschule; es war mitunter Loki, die ihren Freund Helmut im wahrsten Sinne des Wortes »heraushauen« musste. Nicht ohne Grund war ihr schulischer Spitzname »Schmeling«, doch ihre Kräfte setzte sie immer nur für einen guten Zweck, das heißt zur Verteidigung von Schwächeren, ein. Dieses Verhalten könnte als eines der Kennzeichen ihres ereignisreichen und nicht immer leichten Lebens gelten.

Loki Schmidt wuchs in einem sehr bildungsorientierten Arbeiterhaushalt in Hamburg auf, in dem der Erwerb von Wissen, das Interesse für Kunst und Musik, die Beschäftigung mit kulturellen Angeboten einen hohen Wert hatten. Es wurde musiziert, man ging in Museen, diskutierte über Geschichte und Politik, und das alles vor dem Hintergrund äußerst beengter ökonomischer Verhältnisse. Eine große Familie in einer viel zu kleinen Wohnung, der Vater längere Zeit arbeitslos, die Mutter das Familieneinkommen durch Schneiderarbeit aufbessernd – leicht war das Leben für Familie Glaser nicht. Aber es war trotz aller finanziellen Probleme ein harmonisches Familienleben, in dem die Kinder Geborgenheit fanden. Die Eltern waren in ihren Erziehungsprinzipien fortschrittlich und schickten die Kinder auf eine Schule, die als modern und reformpädagogisch galt. Die Grundschule »Burgstraße« hat bei der Schülerin Loki einen tiefen Eindruck hinterlassen – sicherlich so tief, dass ihre spätere Arbeit als Lehrerin davon nicht unwesentlich beeinflusst wurde. Vor allem Exkursionen in die stadtnahe Umgebung, Verlagerung des Lernortes in Schullandheime, Naturbeobachtung und vieles mehr haben das Interesse der jungen Loki geweckt, den – aus Geldgründen – leider unerfüllbaren Wunsch nach einem Biologiestudium befördert und die Forschungsreisen der späteren Politikerfrau als eigenständige Unternehmungen begründet.

Auch die weiterführende Schule, die Loki nach der Grundschule besuchte, war den Reformideen verpflichtet. Die Lichtwarkschule, benannt nach dem ersten Direktor der Hamburger Kunsthalle und Initiator der Kunsterziehungsbewegung, führte als einzige Reformschule in Hamburg zum Abitur. Die Hansestadt galt in Deutschland bereits im 19. Jahrhundert als ein Ort, an dem zahlreiche Pädagoginnen und Pädagogen für eine Reform in der Bildung wirkten, und die Gründung der Lichtwarkschule war ein Ergebnis dieses Wirkens. Das Außergewöhnliche dieser Schule waren ihre Ziele, die Anfang des letzten Jahrhunderts noch nicht in allzu vielen Schulen galten: die Erziehung der Schülerinnen und Schüler zur Selbstständigkeit und Kritikfähigkeit, und dies – ungewöhnlich damals – in Koedukation. In einem Gespräch erläuterte Schmidt ihre positiven Erfahrungen an und mit dieser Schule etwas genauer. Das Wichtigste waren ihrer Ansicht nach die Jahresarbeiten, bei denen eigenständig ein umfassendes, selbst gewähltes Thema bewältigt werden musste – Lehrerhilfe nur bei »Blockaden« – oder wie es Loki Schmidt ausdrückt: Man war allein gelassen. Aber gerade das machte für die jungen Menschen den Reiz und die Herausforderung einer solchen Arbeit aus, und der Stolz auf die Leistung war entsprechend groß.

Nach dem Abitur und dem Arbeitsdienst absolvierte Loki Glaser eine Ausbildung zur Volksschullehrerin – ein kurzes und vor allem kos-

Hannelore Glaser in jungen Jahren neben ihrem späteren Ehemann Helmut Schmidt (Zweiter von rechts), 1929.

Hannelore »Loki« Schmidt, Pädagogin und Lehrerin aus Leidenschaft.

tenloses Studium, das sie 1940 abschloss. Während dieser Zeit waren auch Praktika vorgeschrieben, darunter ein »Landschulpraktikum«, von dem sie besonders profitierte. Da in den großen Klassen die Schülerschaft höchst heterogen war, lernte sie dort, im Unterricht zu differenzieren, damit »jedes Kind das richtige ›Futter‹ bekam«, und diese Fähigkeit gilt auch heute noch als pädagogischer Qualitätsausweis. Als Lehrerin an verschiedenen Schulen in Hamburg hatte sie selten kleine Klassen – 40 Schülerinnen und Schüler waren die Regel –, und eine Lehrerin musste damals wie heute den unterschiedlichsten Kindern gerecht werden. An ihrer ersten Schule gleich nach dem Examen hatte sie 53 Jungen und Mädchen zu unterrichten, die aus einem »sozialen Brennpunkt« umgesiedelt waren und um die sie sich intensiv auch nachmittags kümmerte; durch Elternbesuche schuf sie ein besonderes Vertrauensverhältnis. Dieses Verhältnis war auch besonders wichtig, als die Kinder im Rahmen der sogenannten »Kinderlandverschickung« nach Franken reisten, um den Hamburger Bombennächten zu entgehen. Dort blieb Loki im Alter von nur 21 Jahren mit einer großen Gruppe Mädchen und einer großen Verantwortung für ein Jahr und war in dieser Zeit nahezu rund um die Uhr im Dienst, denn die Kinder hatten nicht nur Unterricht, sondern fürchterliches Heimweh und brauchten nicht nur eine Lehrerin, sondern auch eine Ersatzmutter. 1942 heiratet sie Helmut Schmidt, damals als Offizier an das Luftfahrtministerium in Berlin abkommandiert.

Als nach dem Zweiten Weltkrieg die Schulen in Hamburg wieder öffneten, waren noch viele Schwierigkeiten zu überwinden. Die Kinder litten unter Hunger, sorgten sich um die Eltern, und Schulmaterial war kaum vorhanden. Aber die Nächte waren endlich ruhig, und sehr, sehr langsam normalisierte sich das Leben. Helmut Schmidt, aus Kriegsgefangenschaft entlassen, begann ein Volkswirtschaftsstudium an der Hamburger Universität, und seine Frau sorgte für den Lebensunterhalt. Ihre Arbeit gründete sich wieder auf reformpädagogische Prinzipien, die ihr noch aus eigener Schulzeit vertraut waren. So gab es Exkursionen, von ihr »Lehrspaziergänge« genannt, auf denen die engere und weitere Umgebung der Schule und damit die Lebenswelt der Kinder erkundet wurden. Es erstaunt sicher nicht, dass eines der wichtigsten Themen, die Loki Schmidt mit allen ihren Schülerinnen und Schülern und an allen ihren Schulen behandelte, die Natur und hier speziell die Botanik war. Als Helmut Schmidt die Hamburger Innenbehörde übernahm, konnte man es in der Schulbehörde nicht verstehen, dass die Frau eines Senators weiterhin ihren Beruf ausüben wollte. Als Helmut Schmidt dann als Verteidigungsminister nach Bonn ging, wurde der Lehrerin nur noch zweimal eine kurze Beurlaubung gewährt, dann kündigte man ihr – mit minimaler Abfindung ihrer Pensionsansprüche, was sie noch nach mehr als 40 Jahren erzürnte.

Während Loki Schmidt als Lehrerin für »ihre« Kinder sorgte, kümmerte sie sich als Frau des Verteidigungsministers um die Familien der Soldaten. Ihrem botanischen Interesse folgend, begleitete sie auf eigene Kosten wissenschaftliche Forschungsreisen in ferne Länder, entdeckte unbekannte Pflanzen und war offensichtlich nicht mehr nur »die Frau an seiner Seite«. Sie beschäftigte sich mit botanischen Gärten in Deutschland und besonders mit dem in Hamburg, wurde Ehrenbürgerin ihrer Heimatstadt, und nach ihrem Tode wurde die »Schule am Othmarscher Kirchenweg«, an der sie gewirkt hatte, nach ihr benannt. In der Begründung der Schule heißt es: »Loki Schmidts Liebe zur Natur ist für uns Vorbild und große Inspiration. ›Naturerkundung und Naturwissenschaft‹ soll eine Säule unseres neuen Schulprofils werden. Wir alle verehren Loki Schmidt als echte Hanseatin und geradlinigen Menschen.« Vielleicht aber wird die Lehrerin Loki Schmidt besonders charakterisiert in dem Untertitel eines Buches mit Interviews zu ihrer pädagogischen Biografie *Mein Leben für die Schule*.

***

Lehrerinnen bekommen normalerweise keine Orden, und die höchste Anerkennung, die sie erhalten, sind Geschenke der Abschlussklassen, mit denen diese ihre Dankbarkeit und die Freude über gemeinsam Erreichtes zeigen wollen – natürlich immer unter Beachtung eines engen Kostenrahmens. Seit einiger Zeit aber gibt es einen »Lehrerorden«, eine Art »Oscar für Pädagogen«, den Deutschen Lehrerpreis, verliehen vom Deutschen Philologenverband und der Vodafone Stiftung. Diesen Preis erhielt 2012 **Tagrid Yousef** (*1967), eine Lehrerin aus Duisburg, geboren in einem kleinen Dorf in der Nähe von Ramallah im palästinensischen Westjordanland. Zwischen Ramallah und dem Ruhrgebiet liegen etwa 3000 km Luftlinie, doch die dürften leichter zu bewältigen sein als die Hindernisse, die eine junge Muslima überwinden muss, wenn sie mit ihrer Familie in der neuen Heimat wirklich ankommen will.

1967 in Palästina geboren, kommt Tagrid als kleines Kind nach Essen, als der Vater, in einem Stahlwerk arbeitend, die Familie nachholt. Sie besuchte die Grundschule, anschließend die Hauptschule, weil der Vater das als ausreichend ansah für eine Frau, die später vor allem für Familie und Haushalt zuständig sein wird. Aber die junge Tagrid wollte Abitur machen und studieren, und mit dem Argument »alle Mädchen in Palästina machen Abitur, da kann ich nicht hintanstehen, wenn ich zurückgehe« gelang es ihr, die Zustimmung des Vaters zu erlangen. Doch leicht war ihr Leben nicht, das sie gewissermaßen zwischen zwei Welten führte – in der patriarchalisch strukturierten Familie und in der freizügigeren Schule. Sie bestand mit exzellenten Noten das Abitur und begann mit dem Studium der Biologie an der Ruhr-Universität Bochum, nicht ohne vorher geheiratet und dadurch Unabhängigkeit erreicht zu haben. Auch das Studium absolvierte sie bravourös, erhielt das Diplom, bekam eine Stelle als wissenschaftliche Mitarbeiterin am Lehrstuhl für Neurophysiologie und promovierte. Der Vater war – wie es alle Väter wären – sehr stolz auf seine erfolgreiche Tochter. Während des Studiums wurde sie zweifache Mutter, erlebte die Probleme der Kinderbetreuung und gründete mit Kommilitoninnen den Verein Bochumer Uni-Zwerge zur Förderung Hochschulangehöriger der RUB mit Kindern – eines der vielen Projekte, die sie im Laufe der Jahre initiierte. Nach der Promotion sollte eigentlich die Habilitation als Fortführung einer akademischen Karriere folgen. Doch die auch heute noch höchst unerfreuliche universitäre Stellensituation mit befristeten Verträgen und ohne die Möglichkeit einer annähernd zuverlässigen Zukunftsplanung ließ Yousef einen anderen Weg einschlagen. Schon an der Universität zeichnete sie die Qualität ihrer Lehre und ihr Umgang mit den Studierenden aus. Und so wird nun aus der Lehrenden die Lehrerin, wobei im Idealfall die Lehre – vor allem im Grundstudium – ähnlichen Prinzipien zu genügen hat wie der Unterricht in der Oberstufe, nämlich Zielorientiertheit und Transparenz. Yousef legt das erste Staatsexamen ab, absolviert das Referendariat, beginnt als Lehrerin an einem Berufskolleg in Düsseldorf und wechselt dann an das Gertrud-Bäumer-Berufskolleg nach Duisburg. Der Ruhr-Universität bleibt sie weiterhin als Dozentin am Institut für Biopsychologie verbunden, wie auch durch die Organisation von Praktika für ihre Schülerinnen und Schüler.

An dieser Stelle würde sich vielleicht mancher Mensch zurücklehnen in dem berechtigten Bewusstsein, sehr viel geschafft zu haben. Nicht so Tagrid Yousef! Zum einen steht für sie die Optimierung des Unterrichts im Fokus, und das meint nicht nur die jeweilige Gestal-

*Tagrid Yousef (*1967), 2012 ausgezeichnet mit dem »Deutschen Lehrerpreis«.*

tung von Stunden und Unterrichtsreihen, sondern auch und vor allem den Aufbau einer dem Lernen und der Entwicklung von Schülerinnen und Schülern förderlichen Beziehung. Zum anderen hat ihre eigene Biografie, ihre »Zwei-Welten-Existenz«, Tagrid Yousef sensibilisiert für die Probleme von Jugendlichen mit Migrationshintergrund, und das meint nicht nur schulische Sorgen.

Sie ist in besonderer Weise befähigt, all jene zu fördern, die bildungs- und aufstiegsorientiert sind, weil sie allein durch ihren Lebenslauf Vorbild ist. Zugleich kann sie aber auch überzeugend jene »in die Spur« bringen, die noch nicht die Bedeutung einer qualifizierten Schulausbildung für ihr weiteres Leben erkannt haben. All dies gelingt ihr vor allem deshalb, weil sie weiß, wie wichtig es ist, Schülerinnen und Schülern nicht nur in der jeweiligen Unterrichtsstunde zu begleiten, sondern auch danach eine Ansprechpartnerin zu sein.

Gefragt, was für sie das Wichtigste (und das Schönste) an ihrem Beruf sei, verweist Yousef auf die Gestaltungsmöglichkeiten, die es – trotz bürokratischer Zwänge – in einer Schule gibt, wenn die jungen Menschen ihr Lernen, ihre Entwicklung, ihre Lebenschancen im Mittelpunkt der gemeinsamen Arbeit stehen und – wie in ihrem Fall – die Lehrerin auch zum interkulturellen Lernen beitragen kann. Zu all diesem gehört, den Heranwachsenden mit Empathie zu begegnen, sie merken zu lassen, dass sie angenommen und ernst genommen werden, wodurch Vertrauen entsteht. Dazu gehört aber auch die Er-

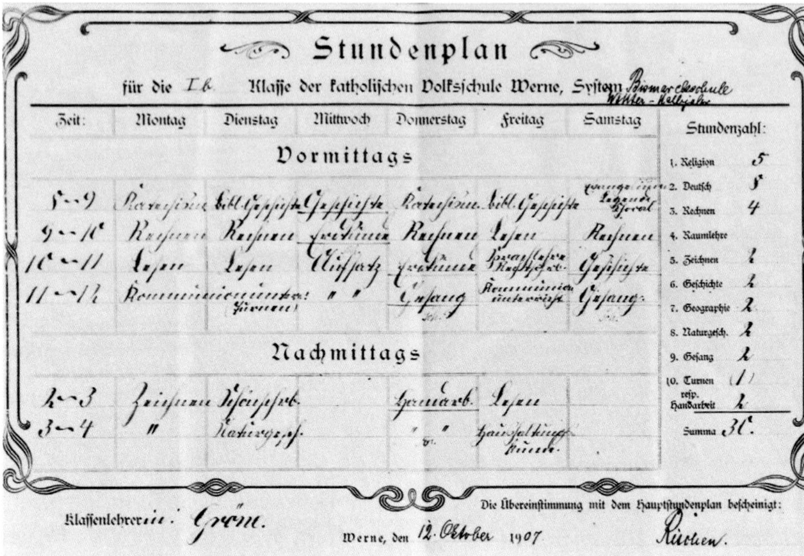

Stundenplan

für die Ib Klasse der katholischen Volksschule Werne, System Bismarckschule Wetter-Hellweg

Zeit:	Montag	Dienstag	Mittwoch	Donnerstag	Freitag	Samstag
Vormittags						
8–9	Katechism.	bibl. Geschichte	Geschichte	Katechism.	bibl. Geschichte	[illegible] Legende Choral
9–10	Rechnen	Rechnen	Erdkunde	Rechnen	Lesen	Rechnen
10–11	Lesen	Lesen	Aufsatz	Erdkunde	Sprachlehre Rechtschreib.	Geschichte
11–12	Kommunionunterr. (Turnen)	" "		Gesang	Kommunionunterricht	Gesang
Nachmittags						
2–3	Zeichnen	Schönschreib.		Handarb.	Lesen	
3–4	"	Naturgesch.		" "	Haushaltungskunde	

Stundenzahl:

1. Religion	5
2. Deutsch	8
3. Rechnen	4
4. Raumlehre	
5. Zeichnen	2
6. Geschichte	2
7. Geographie	2
8. Naturgesch.	2
9. Gesang	2
10. Turnen resp. Handarbeit	(1) 2
Summa	30.

Klassenlehrerin: Grün.

Die Übereinstimmung mit dem Hauptstundenplan bescheinigt:

Werne, den 12. Oktober 1907

Rüther.

fahrung von konsequentem und transparentem Handeln der Lehrerin – Schülerinnen und Schüler schätzen vor allem Gerechtigkeit und wissen, dass diese ohne eine gewisse Strenge nicht geleistet werden kann. Und wenn eine Lehrerin wie Tagrid Yousef an einer Schule arbeitet, die zahlreiche Jugendliche mit Migrationshintergrund besuchen, dann wird sie zu einem Rollenvorbild für all jene Mädchen, die noch ihren Weg zwischen den Welten finden wollen, wie es die junge Tagrid einst erfolgreich tat. Deshalb kann sie auch bei existenziellen Problemen beraten, die nicht primär die Schule betreffen, wie zum Beispiel in der Kopftuchfrage – sie ist entschiedene Gegnerin des Kopftuches für Lehrerinnen.

Doch den Deutschen Lehrerpreis hat sie nicht nur als »Vertrauenslehrerin« gewonnen, sondern für ihren Unterricht, für ihren Beitrag zu einer lebendigen Schule, in der es ihr gelingt, das Fach Biologie für die Schülerinnen und Schüler nicht nur verständlich, sondern – dies eine Folge des Verstehens – auch interessant zu machen. Oder

---

Im direkten Vergleich: ein alter, handschriftlicher Stundenplan und ein abstrakteres modernes Konzept.

um Schülerinnen und Schüler zu zitieren: »Wir fühlen uns ernst genommen. Für sie gibt es keine dummen Fragen.« Und nach der Preisverleihung erläutert eine Schülerin, warum es für den Biologie-Leistungskurs ein Anliegen war, Tagrid Yousef für den Lehrerpreis vorzuschlagen. Die Schülerinnen und Schüler wollten sich nach dem Abitur für die intensive Betreuung durch ihre Lehrerin und den anspruchsvoll und abwechslungsreich gestalten Unterricht bedanken. Bemerkenswerterweise haben sich die Schülerinnen und Schüler immer auf die Kursstunden gefreut, auch wenn die Lehrerin, trotz aller Lockerheit, sehr diszipliniert den Stoff durchgenommen hat und auch durchaus streng war. Und als abschließende Aussage stellte die Schülerin fest: Frau Dr. Yousef ist mit Leib und Seele Lehrerin!

Für solche Pädagogen ist der Deutsche Lehrerpreis bestimmt, und die Kriterien, nach denen eine Jury urteilt, sind eigentlich sehr einfach. So werden zum Beispiel folgende Aspekte von der Projektleitung genannt: Ein guter Lehrer, eine gute Lehrerin ist sozial kompetent, hört geduldig zu und kann mit Stress umgehen, redet offen, kritisiert fair und nimmt auch selbst Kritik an, ist aufgeschlossen und lässt sich im Gespräch auf andere ein. Und ferner heißt es: Lehre-

Inszenierung des vergangenen Schulalltags.

Lehrerin in spe!

rinnen und Lehrer sind Fachleute für das Lehren und Lernen. Sie sind Experten in ihrem Fach, und ihr Unterricht ist abwechslungsreich, sie sind Erzieher im Unterricht und im Schulleben, sie behandeln jeden Schüler fair, sie verteilen Anerkennung und Kritik, sie übertragen den Schülerinnen und Schülern Verantwortung, sie haben immer ein offenes Ohr für neue Ideen und lernen ständig Neues. Und das bedeutet im Klartext: Lehrerinnen und Lehrer sind die eigentlichen Initiatoren für Schulentwicklung – wenn man sie nur lässt!

Tagrid Yousef ist derzeit vom Schuldienst beurlaubt, da sie zur Leiterin des Kommunalen Integrationszentrums der Stadt Krefeld gewählt wurde. Dabei ist ihr die Entwicklung von Integrationskonzepten, deren Initiierung, Begleitung und Umsetzung besonders wichtig. Als ein zentrales Ziel der Arbeit geht es ihr darum, Migrantinnen und Migranten besser in den Arbeitsmarkt zu integrieren. Die Voraussetzungen dafür werden aber in der Schule geschaffen, und deshalb ist es wesentlich, dass Yousef sich aus dem Schuldienst nur hat beurlauben lassen. Bedeutsam aber für alle Lehrerinnen und Lehrer, für alle Schulen und für die Öffentlichkeit generell ist die Begründung, warum der Lehrerpreis überhaupt geschaffen wurde: »Für ihre wichtige Aufgabe benötigen Lehrerinnen und Lehrer nicht nur Unterstützung, sondern auch Anerkennung. Der ›Deutsche Lehrerpreis – Unterricht innovativ‹ hat es sich zum Ziel gesetzt, die öffentliche Wertschätzung des Lehrerberufs zu steigern.« Und das gilt selbstverständlich in gleichem Maße für die Wertschätzung der Lehrerin im Beruf.

5

Auch Harry Potter braucht sie …

oder:
Die Lehrerin in Literatur und Film

»Superkalifragilistik expialigetisch ...«

5
Auch Harry Potter braucht sie …

Supercalifragilisticexpialidocious« oder »superkalifragilistik expialigetisch« – selbst Kinder, die vom Auswendiglernen nicht allzu viel hielten, konnten diese Zungenbrecher ohne Zungenbrechen aufsagen, und zwar den ersten die englischen, den zweiten die deutschen Fans von *Mary Poppins*. Auch wenn diese außergewöhnliche englische Frau undefinierbaren Alters häufig unter der Berufsbezeichnung »Nanny«, also »Kindermädchen«, geführt wird, so ist sie für den Nachwuchs der Familie Banks doch mehr eine Gouvernante. Denn ihre Arbeit bedeutet nicht nur Erziehen, sondern auch Belehren – allerdings in höchst seltsamen Fächern, die auf keinem normalen Stundenplan stehen dürften. Der Ostwind weht Mary zum Haus Cherry Lane 17, also zum Kirschbaumweg in einem Londoner Vorort, und sie wird von der Lady des Hauses, Mrs. Banks, eingestellt, obwohl sie keine Referenzen vorweisen kann. Die Kinder zeigen zuerst Skepsis, sind doch ihre Erfahrungen mit der letzten, sehr dicken und merkwürdig riechenden Betreuerin nicht gut.

Doch mit Mary Poppins wird alles anders, wird alles aufregend und wunderbar, und die Kinder versuchen Mary das Versprechen abzuringen, dass sie immer bei ihnen bleibe. Doch so, wie sie mit dem Ostwind kam, wird sie mit dem Westwind verschwinden. Aber sie kehrt immer wieder, und das für 50 Jahre und acht Bücher zwischen 1934 und 1988, in denen weder sie noch die Kinder altern. Nur die Autorin **P. L. Travers** (eigentlich Helen Lynwood Goff, 1899–1996) wurde natürlich älter und regelmäßig von den Verlegern überredet, noch einen weiteren Roman zu schreiben. Die wichtigste Überredung

---

Julie Andrews als zauberhaftes Kindermädchen Mary Poppins im gleichnamigen Film, 1964

leistete Walt Disney, der Travers, die sich um ihre Finanzen sorgte, die Zustimmung zur Verfilmung abrang. Der Spielfilm *Mary Poppins* mit Julie Andrews und Dick Van Dyke, in dem gesungen und getanzt wird, zeigt eine freundlichere Mary, als es die Romane taten – sehr zum Missfallen der Autorin. Diese nämlich hatte ihre Bücher nicht prinzipiell nur für Kinder geschrieben, obwohl sie in mancher Hinsicht von den Klassikern *Alice im Wunderland* und *Peter Pan* beeinflusst worden war.

Das Besondere an der Gouvernante Mary Poppins ist die Möglichkeit einer Existenz zwischen Realität und Fantasie, zwischen Sachlichkeit und Märchen, zwischen Strenge und Anarchie. Das Wissen darum vermittelt Mary Poppins auch »ihren« Kindern. Und deshalb ist sie auch so attraktiv für junge Menschen generell, die auf Wunderbares hoffen, und nicht nur für die Banks-Sprösslinge. Poppins kann aus einer leeren Reisetasche einen halben Hausstand zaubern, sie versteht die Sprache der Tiere und kennt tanzende Kühe, die über den Mond springen – und all dies scheint für sie und allmählich auch für die Kinder das Selbstverständlichste von der Welt zu sein. Obendrein hält sie sich zwar kaum an eine der Regeln, die in einer englischen Mittelstandsfamilie wie den Banks das soziale Leben bestimmen, aber in ihren Erziehungsprinzipien ist sie unerbittlich.

Manchmal haben die Kinder sogar Furcht vor ihr, zumindest aber Furcht davor, von ihr nicht mehr gemocht zu werden. Mary Poppins führt die ihr Anvertrauten in neue, verzauberte Welten, ohne die alte zu verlassen, und sie tut das, was eine gute Lehrerin tun sollte: Sie eröffnet neue Sphären und neue Erkenntnisse. Von den vielen Erfahrungen, die sie in ihrem ungewöhnlichen Unterricht vermittelt, ist sicherlich die Reise um die Welt nur mithilfe des Wunderkompasses das lehrreichste und beeindruckendste Unternehmen. Und deshalb hätten bestimmt die jungen Leserinnen und Leser ebenfalls gerne eine derart interessante, anarchische und zugleich feenhafte Lehrerin gehabt – zumindest in den Geografiestunden. In gewisser Weise ist Mary Poppins die Nachfolgerin von Alice, denn auch sie macht aus der Welt ein Wunderland. Vielleicht ist sie aber auch die Vorläuferin der zaubernden Lehrerinnen von Hogwarts, die Harry Potter unterrichten, denn es gibt bei ihr ebenfalls unheimliche, jedoch nicht lebensgefährliche Begegnungen.

***

In Romanen und Filmen dominieren zumeist Männer als Protagonisten die Lehrerrollen – sei es vordergründig sympathisch wie im *Club der toten Dichter*, sei es offensichtlich unsympathisch wie in *Professor Unrat*. Aber dank der Bemühungen, Frauen in den Hintergrund zu rücken, finden sich in Literatur wie Film kaum so armselig-abstoßende Lehrerinnen à la Unrat, insofern ist die Diskriminierung hier fast als Vorteil zu bezeichnen. Doch eine Lehrerin gibt es, die so abscheulich, brutal, ekelhaft, sadistisch, niederträchtig, grauenvoll, ja sogar kriminell ist, dass mit ihr kaum ein literarischer Kollege mithalten könnte, und das ist die Schulleiterin Miss Trunchbull (Fräulein Knüppelkuh). In dem Jugendroman *Matilda* von **Roald Dahl** (1916–1990) darf dieses monströse Wesen unverständlicherweise die Grundschule einer englischen Kleinstadt leiten und verbreitet dort Furcht und Schrecken nicht nur unter den bemitleidenswerten Schülerinnen und Schülern, sondern ebenso im Lehrerkollegium.

Dies tut sie in zweierlei Hinsicht. Zum einen ist ihr Outfit höchst merkwürdig und eher die Kleidung eines Jägers als einer seriösen Schulleiterin. Zum anderen straft sie unbotmäßige Kinder auf unerhörte Weise – mal zieht sie einem Knaben die Ohren so lang, dass diese unförmig bleiben, mal schleudert sie ein Mädchen an den Zöpfen hoch durch die Luft, als sei es ein Sportgerät – Miss Trunchbull sieht das als sportliche Übung, da sie früher einmal Hammerwerferin war. Diesem Scheusal wird die kleine Matilda von ihren ziemlich bornierten, ziemlich ungebildeten und ziemlich eingebildeten Eltern ausgeliefert. Matilda Wormwood (Wurmwald) ist genau das, wovon viele Eltern träumen – sie ist hochbegabt. Sie kann schon als Kleinkind lesen, arbeitet sich noch vor ihrer Einschulung durch den gesamten Bestand der städtischen Leihbibliothek und bewältigt schwierigste Rechenoperationen schneller im Kopf als ein Taschenrechner.

Doch wo Gefahr ist, nähert sich das Rettende auch, und das heißt

Miss Honey (Fräulein Honig) und ist eine junge sanfte, freundliche und – wie der Name insinuiert – geradezu »süße« Person, die sich der kleinen Matilda annimmt, ihre Fähigkeiten erkennt und sie beschützt. Miss Honey ist eine Nichte der Schulleiterin und von der um ihr Erbe betrogen worden, da nach dem mysteriösen Tod des Vaters dessen Testament unauffindbar blieb. Leider ist die junge Lehrerin zwar lieb, aber zu schwach, um sich gegen ihre in jeder Hinsicht starke Tante durchzusetzen. Nun ist es Matilda, die als Retterin eintritt und dank intensiv trainierter Telekinese suggeriert, Miss Honeys toter Vater schreibe mit Kreide Drohungen gegen die kriminelle Direktorin an die Tafel. Miss Trunchbull flüchtet, Miss Honey erhält ihr Erbe – und eine neue Mitbewohnerin, da Matilda von ihren Eltern der Lehrerin »überlassen« wird.

Was aber macht die Konstellation der beiden Lehrerinnen und der Schülerin für junge Leserinnen und Leser so erfolgreich? Und warum ist der Konflikt zwischen Miss Trunchbull und Matilda für Kinder wichtig, die vielleicht Probleme in der Schule haben? Der Gegensatz von Macht und Kompetenz, von Brutalität und Klugheit, der Kampf zwischen einem weiblichen Goliath und einem weiblichen

Matilda Wormwood ist hochbegabt, für sie war Abgucken wahrscheinlich kein Thema.

David löst sich auf in einem Happy End, weil ein Kind zeigen kann, was in ihm steckt und wie viel Positives es damit leisten kann. Obwohl die Schulleiterin als Karikatur gezeichnet wird, gewinnt sie als Horrorfigur eine eigene Qualität, was Matildas Sieg umso bedeutender macht. Und das jugendliche Lesepublikum wird hoffen, auch an der eigenen Schule möge eine Lehrerin wie Miss Honey eingestellt werden (falls sie nicht schon da ist), die sich als vorbildliche Pädagogin verständnisvoll ihrer Schutzbefohlenen annimmt und dafür sorgt, dass diese nach ihren Möglichkeiten gefördert und gefordert werden. Für Lehrerinnen (und Lehrer) hält das Buch obendrein ein Glücksversprechen bereit, wenn sie einmal eine solche Schülerin wie Matilda unterrichten dürfen.

***

Eine scheinbar ähnliche Konstellation – hartherzig-strenge Leiterin, liebevoll-fürsorgliche Lehrerin, schutzbedürftige Schülerin – findet sich in dem Roman *Das Mädchen Manuela* (1933) von **Christa Winsloe** (1888–1944). Doch hier ist nichts einer fiktiv-grotesken Unheimlichkeit geschuldet, sondern den tatsächlichen Verhältnissen in einem preußischen Mädcheninternat, dessen Zöglinge adeligen Militärkreisen entstammen und für die Rolle als künftige Soldatenfrau erzogen werden sollen. Bekannter als das Buch sind die Verfilmungen dieses Romans, vor allem die von 1958 mit Therese Giehse, Lilli Palmer und Romy Schneider unter dem Titel *Mädchen in Uniform*.

Dem inhaltlichen Grundgedanken des Romans – militärischer Seelendrill für Mädchen in preußischer Perspektive – wird der Filmtitel eher gerecht als der Titel der Buchvorlage. Die Autorin Winsloe war als junges Mädchen selbst in einem solchen adeligen Stift kaserniert, denn an eine Kaserne erinnert alles. Diese Erfahrung muss auch die junge Halbwaise Manuela von Meinhardis machen, die nach dem Tode der innig geliebten Mutter von der Familie in ein Stift abgeschoben wird. Diese Erziehungsanstalt ist in einem grauen, kasernenähnlichen Gebäude untergebracht, dessen Anblick ein sensibles junges Mädchen wie Manuela bereits beim Eintreten schockiert und ängstigt.

In diesem Stift sind alle Menschen, Lehrerinnen wie Schülerinnen, rigiden militärischen Regeln unterworfen, deren Befolgung von der Befehlshaberin, der Frau Oberin, überwacht wird. Auch wenn regelmäßig Andachten mit Gebeten und frommen Liedern abgehalten werden, ist die Atmosphäre des Hauses gekennzeichnet von unbarmherziger Härte. In dieser emotional kalten Umgebung ist es nicht verwunderlich, wenn eine Lehrerin mit einem mitfühlenden Herzen Zuneigung, ja Liebe und Verehrung erfährt. Diese Lehrerin ist Fräulein von Bernburg, die sich voller Verständnis der Sorgen und Nöte der Schülerinnen annimmt, wie es auch eine Mutter täte. Sie selbst sagt: »Ich liebe die Kinder, […] ich bemühe mich, ihnen gerecht zu werden.« Mit dieser Aussage formuliert sie ein wichtiges pädagogisches Credo, das in der strengen Anstalt leider die Ausnahme bildet. Fast alle Mädchen himmeln sie an, was natürlich zu Eifersüchteleien unter den Kolleginnen führt. Da Freundlichkeit und Gefühl nach dem Verständnis der Frau Oberin in einem preußischen Stift fehl am Platze sind, muss es zwangsläufig Konflikte geben.

Das Mädchen Manuela sieht anfangs in Fräulein von Bernburg eine Ersatzmutter, doch dann wird es Liebe, und auch die Lehrerin fühlt mehr für ihre Schülerin, als das Reglement gestattet. Als die Oberin davon erfährt, wird Manuela von ihren Mitschülerinnen und von der geliebten Lehrerin getrennt, und diese weist nach Aufforderung durch die Oberin das hilfesuchende Mädchen schweren Herzens zurück. Manuela verzweifelt und nimmt sich das Leben. In beiden Fassungen des Films (1931 und 1958) allerdings gibt es eine Art Happy End: Manuela wird von ihren besorgten Mitschülerinnen vor dem Sprung in die Tiefe bewahrt, und die Frau Oberin zeigt Einsicht – mehr oder minder. Auch wenn ein glückliches Ende für die Gefühle der Zuschauerinnen schonender sein mag, so zeigt doch der Roman sehr viel deutlicher als der Film, welche pädagogischen Defizite eine Schule in Preußen haben konnte, die sich einem pseudo-militärischen Kodex verpflichtet fühlte und Empathie und Verständnis nicht zuließ.

***

Romy Schneider und Lilli Palmer im Film
Mädchen in Uniform, *1958: Der sehnsuchtsvolle Kuss zwischen Schülerin und Lehrerin dauert nur Sekunden.*

Es gibt in der Literatur eine Lehrerin, die nur scheinbar selbstlos eine enge Verbindung zu ihren Schülerinnen schaffen will, dabei jedoch vor allem ihr eigenes Ego im Blick hat. In ihrem Erfolgsroman *Die Blütezeit der Miss Jean Brodie* (1961) verarbeitet die Schottin **Muriel Spark** (1918–2006) Erinnerungen an ihre Schulzeit in Edinburgh, an Lehrerinnen und an einige Mitschülerinnen. Das Buch wurde außerordentlich erfolgreich, brachte der Autorin den ersehnten Ruhm und den ebenso ersehnten Reichtum und wurde mehrfach verfilmt, unter anderem 1969 mit Maggie Smith in der Titelrolle. Eigentlich aber müsste es erstaunen, dass eine Erzählung über eine nur in Maßen liebenswerte Lehrerin derart Anklang fand.

Miss Jean Brodie unterrichtet in einer Mädchenschule in den unteren Klassen, und ihre Stundengestaltung ist sehr unkonventionell, was sie für Schülerinnen sympathisch macht. Kein Einhalten des Lehrplanes, stattdessen Vermittlung von Kenntnissen, die ihr wichtig sind und von denen sie meint, dass auch die Mädchen sie wissen müssten für eine eigenständige Lebensgestaltung. Und so gibt es Stunden über Kunst, über Politik – bevorzugt schwärmerische Elogen auf Faschisten wie Mussolini und Franco – und über wichtige Lebenserfahrungen wie beispielsweise das Liebesleben der Lehrerin. Dabei erweckt diese den Anschein, als fühle sie sich reformpädagogischen Ansichten nahe, denn sie möchte ja nur den Horizont der Kinder erweitern, sie hinausführen in ein selbstständiges Leben – eben »educere« im wahrsten Sinne des Wortes. Dies allerdings tut sie auf eine bemerkenswert chaotische und assoziative Weise, die man nur mit Wohlwollen als wirkungsvoll bezeichnen kann, denn immerhin sind es Zehnjährige, die der »Brodie-Didaktik« ausgesetzt werden.

Miss Brodie hat eine »Mission«, denn noch befindet sie sich in ihrer »Blütezeit«, auf dem Höhepunkt ihrer Leistungsfähigkeit, und sie weiß sich der Unterstützung einer bestimmten Gruppe von Mädchen sicher – der Brodie-Clique. Deren Mitglieder nämlich hat sie »auserwählt«, wie es im calvinistischen Verständnis Gott tue, so eine Schülerin; sie vermittelt den Mädchen das Gefühl, etwas Besonderes zu sein und aus der Masse der Mitschülerinnen herauszuragen. Und das Motiv für diese Auswahl zeigt erschreckende manipulative und

totalitäre Züge, wenn Brodie feststellt: »Gebt mir ein Mädchen im beeinflussbaren Alter, und es ist mein fürs Leben.«

Wenn Miss Brodie in den Klassenraum kommt, ist es geradezu ein theatralischer Auftritt, den vor allem jene goutieren, die sich in der Gnadensonne der Lehrerin wissen. Die Kinder können noch nicht die geradezu unheimliche Egozentrik erfassen, mit der die Lehrerin sie verantwortungslos zu Komplizen macht bei ihrem Kleinkrieg gegen das Kollegium und die Schulleiterin. Miss Brodie fordert damit ein unangebrachtes Vertrauen ein und verspricht ihnen, aus ihnen würde die »Crème de la Crème« – ein Versprechen, das schmeichelhaft und unwiderstehlich zugleich ist. Erst als die Mädchen älter werden – der Roman arbeitet mit Vorschau und Rückblenden –, erkennt wenigstens jene, die von Miss Brodie zur engsten Vertrauten erkoren wurde, wie verderblich die Pädagogin an ihren Schülerinnen gehandelt hat. Sandra, zum Katholizismus konvertiert und Nonne geworden, kann ihre strikten moralischen Ansprüche nicht mit den erinnerten Erfah-

Maggie Smith als Jean Brodie im Film
Die besten Jahre der Miss Jean Brodie, *1969*.

rungen vereinbaren und berichtet der Schulleiterin von den faschistischen Fantasien ihrer ehemaligen Lehrerin. Deren Schicksal ist besiegelt, sie wird entlassen und stirbt einige Jahre später. Die Erinnerung an die besondere Lehrerin hält aber die Mädchen in Verbundenheit zusammen. Selbst Sandra antwortet auf die Frage, was sie in ihrer Schulzeit am stärksten beeinflusst habe: »Damals lebte eine Miss Jean Brodie in ihrer Blütezeit.« Und damit wird auch deutlich, welche Macht Lehrerinnen, besonders solche mit Charisma, haben können.

***

In optimistischer Annahme scheint es, als seien häufig Schule und Unterricht transparent, Schülerinnen und Schüler unproblematisch, Lehrerinnen und Lehrer einander in herzlicher Kollegialität verbunden, Schulleiterinnen und Schulleiter vielleicht etwas bürokratisch, aber ansonsten ohne negative Eigenschaften. Diese Vorstellung hat man so lange, bis man Einblick erhält in ein besonderes Internat mit besonderen Kindern, besonderen Lehrkräften und besonderen Stundenplänen. Diese Anstalt heißt Hogwarts (»Schule für Hexerei und Zauberei«), liegt irgendwo im Norden der Britischen Insel, und man kann nur von dem speziellen Gleis 9 ¾ im Londoner Bahnhof Kings Cross dorthin reisen. Diese Schule wird dargestellt in den wohl erfolgreichsten Büchern, die in den letzten hundert Jahren geschrieben wurden. Vom ersten Band *Harry Potter und der Stein der Weisen* (1997; auf Deutsch: 1998) bis *Harry Potter und die Heiligtümer des Todes* (2007) entwirft die Autorin **Joanne K. Rowling** (*1965) das Bild einer aufregend-mysteriösen Public School, deren Besuch nicht von den finanziellen Möglichkeiten der Eltern, sondern allein vom Talent der Kinder abhängt.

Ein »normaler« Mensch, sei es eine Lehrkraft, sei es ein Schüler oder eine Schülerin, würde sich in Hogwarts völlig überfordert fühlen. Da diese Schule einmalig und außergewöhnlich ist, besitzt sie eine eigene Pädagogik und eine spezielle Zauberdidaktik, doch die Darstellung dieser Spezialitäten würde den Rahmen dieses Buches weit überschreiten. Andererseits aber findet sich auch in Hogwarts vieles,

Minerva McGonagall bei der Zuteilung der Schüler in die vier Häuser von Hogwarts durch den »Sprechenden Hut«. Sie selbst ist Leiterin des Hauses Gryffindor.

Das mysteriöse Gleis 9¾ am Bahnhof von Kings Cross in London. Von hier fährt der Zug zur Hogwarts-Schule für Hexerei und Zauberei ab.

was das Leben an einer Schule für »Muggels« (so die Bezeichnung für Menschen ohne magische Begabung) ausmacht. Diese Ähnlichkeiten sind für jugendliche Leserinnen und Leser gerade das Interessante, denn die vermeintliche Normalität lässt das Fantastische umso aufregender erscheinen.

Als der junge Zauberschüler Harry Potter nach Hogwarts kommt, weist ihn der »Sprechende Hut« dem Haus Gryffindor zu, dem die Lehrerin Minerva McGonagall als Leiterin vorsteht. Dies ist eine sehr verantwortungsvolle Aufgabe, da sie nicht nur die Aufsicht über die Schülerinnen und Schüler führt, sondern vor allem ständig auf der Hut sein muss, um finstere Kräfte abzuwehren. Auf Harry gibt sie besonders fürsorglich acht, weiß sie doch von dem Mord an seinen

Eltern und von der Gefahr, in der er durch die Aktivitäten des bösen Lord Voldemort schwebt. Minerva ist streng, und Harry Potter glaubt bei der ersten Begegnung, mit ihr sei nicht gut Kirschen zu essen.

Doch sie ist auch freundlich und nachsichtig und vor allem gerecht, wenn es angebracht ist – und bei dem klugen Harry Potter und seinen Freunden Ron und Hermine ist es immer angebracht. Vor allem tut sie etwas sehr Wichtiges, unerlässlich für eine gute Lehrerin – sie lobt Harry. Genauso unerlässlich sind ihr Mut und ihre Einsatzbereitschaft für Schule und Schüler, weshalb die bloße »Akten-Arbeit« im Zaubereiministerium für sie unbefriedigend ist. Viel wichtiger ist ihr der Unterricht in ihrem Fach »Verwandlung«.

Aber in Hogwarts ist nicht alles gut und vollkommen, auch und ge-

Die Autorin Dora Saint alias Miss Read bei einer Signierstunde.

rade hier gibt es das Böseste vom Bösen. So sind einige Lehrerinnen höchst unangenehm, mit engen Beziehungen zu dunklen Mächten und für die Schülerinnen und Schüler wie auch für das Kollegium eine Anfechtung. Dies betrifft vor allem Dolores Umbridge, eine kleine, ziemlich dickliche, ziemlich intrigante und ziemlich hässliche Lehrerin für das Fach »Verteidigung gegen die dunklen Künste«.

Da sie vom Zauberministerium kommt und wie viele »Ministeriale« meint, sie sei etwas Besonderes und nur für Bürokratisches zuständig, verwendet sie wenig Energie auf ihre eigentliche Aufgabe – den Unterricht. Dieser ist trocken, wenig kompetent und umfasst nur die Lektüre eines Lehrbuches, Seite für Seite. Dabei ist ihr Fach ungemein wichtig, doch als echte Bürokratenseele ist sie weniger interessiert an der Bildung ihrer Schülerinnen und Schüler als an ihrer eigenen Karriere. Sie möchte Schulleiterin werden und erhält diesen Posten auch für kurze Zeit, bis sie mit Schimpf und Schande und zum Vergnügen aller vom Hof gejagt wird. Für Harry Potter aber wie für seine Mitschülerinnen und Mitschüler bleibt Minerva McGonagall die (fast) ideale Lehrerin – fürsorglich, zuweilen streng, aber immer voller hilfsbereitem Mitgefühl für die Kinder. Mit anderen Worten: eine Lehrerin, wie Schülerinnen und Schüler sie sich wünschen.

***

Irgendwann möchte vermutlich auch der hartnäckigste Harry-Potter-Fan das unheimliche Universum der Todesser und die Kammer des Schreckens verlassen und hinaustreten in eine Welt, in der man nicht durch Wände gehen kann, in der Züge von einem regulären Perron abfahren und an Schulen zuerst einmal Rechnen, Schreiben und Lesen gelernt werden. Und noch schöner ist es, wenn nächtens keine Geister umherwandeln und tagsüber die Geräusche drinnen von singenden Kindern und draußen von singenden Vögeln verursacht werden – mit anderen Worten: eine pädagogische Idylle. Eine solche Schule steht in Fairacre, einem kleinen Dorf in den Cotswolds im Herzen Englands, und die Lehrerin dort ist Miss Read, die gleich selbst über ihre Erlebnisse schreibt. Eigentlich heißt die Autorin **Dora Saint** (1913–

2012), doch ihr Verleger meinte, Autobiografisches sei erfolgreicher, und so schreibt sie viele Jahre als **Miss Read** viele erfolgreiche Bücher unter dem Mädchennamen ihrer Mutter. Die Titel signalisieren bereits das Thema, wenn sie *Dorfschule*, *Dorftagebuch* oder *Der Blick auf die Kornfelder* heißen. Saint war Lehrerin geworden, hatte an verschiedenen kleinen Dorfschulen unterrichtet und fühlte sich dem ländlichen England, seinen Bewohnern und vor allem seinen Kindern verbunden. Und Miss Read, die freundliche, verständnisvolle, fürsorgliche, duldsame, zuweilen strenge, aber immer liebevolle Lehrerin und Schulleiterin ist es auch. Vor allem ist sie mit einer guten Portion Humor ausgestattet – eine der wichtigsten Eigenschaften einer Lehrperson.

In Fairacre ist die Zeit zwar nicht stillgestanden, aber die dörfliche Welt scheint noch ein wenig so zu sein wie die vor dem Zweiten Weltkrieg. Die Kinder sind meistens respektvoll, nicht immer brav, ängstlich um Anerkennung bemüht und stolz auf ihre Leistungen, welcher Art diese auch immer gewesen sein mögen. Eine der interessantesten Unternehmungen aus Schülersicht wird von Erwachsenen meistens als »Streich« bezeichnet. Dabei sind Erfindungsgabe, strategisches Denken und große Einsatzfreude bei Streichen wesentlich, also Fähigkeiten, die Lehrer jedoch lieber auf schulische Anforderungen gerichtet sähen. Miss Read aber sieht (fast) alles, und so erkennt sie auch, dass der kleine Ernest beim Besuch des Pfarrers aus Lineal und Gummiband eine »kriegstüchtige Waffe« gebastelt hat, die nur noch die Munition aus tintengetränktem Löschpapier braucht. Ernest wird ermahnt und der Vikar aus der Schusslinie gebracht.

Die Lehrerin hat nicht selten bereits die Eltern der jetzigen Schülerinnen und Schüler unterrichtet, kennt die zuweilen schwierigen, häufig ärmlichen häuslichen Verhältnisse und ist bemüht, auszugleichen, Unterstützung zu schaffen und jene zu fördern, die es aus eigener Kraft nicht schaffen. Sie ist neben dem Pfarrer die Respektsperson im Dorf, wird in vielen Dingen um Rat gefragt, hilft bei Dorffesten und weiß, ähnlich wie der Pfarrer, um die kleinen und großen Sorgen der Kinder und deren Familien. Und selbst wenn ein sehr armer Knabe über »Mein« und »Dein« belehrt werden muss, weil er einem Bauern Eier gestohlen hat und eine strenge Ansprache braucht, sieht sie, wie er leidet, und tröstet ihn mit der Aussicht auf ein leckeres Stück Siruptorte zum Lunch. Wenn allerdings ein Schüler – und es sind meistens Schüler – zu frech wird, greift auch Miss Read zu kräftigeren Maßnahmen und versetzt einem Jungen ohne Vorwarnung eine gewaltige Ohrfeige. Nun ja, der Tag war anstrengend und aufregend, und es gab in England noch die Prügelstrafe. Für Nachgeborene ist dies allerdings eine befremdliche Maßnahme.

Miss Read selbst sieht ihre Schule als einen kleinen Mikrokosmos innerhalb des größeren Mikrokosmos des Dorfes, und dieser ist gekennzeichnet durch Feiern und Feste, Freundschaften und Streitereien, Trubel und Trauer – das ganze Leben gewissermaßen in einer Nussschale. Diese feinfühlige, fast zärtliche Beschreibung ist sicherlich ein Grund, warum die Erinnerungen von Miss Read in England außerordentlich beliebt waren und auch heute noch immer wieder aufgelegt werden. Es kann sehr anrührend sein, von einer scheinbar heilen Welt zu lesen, in der eine Lehrerin fähig ist, fast alle Probleme der Kinder und manchmal sogar die der Eltern zu lösen.

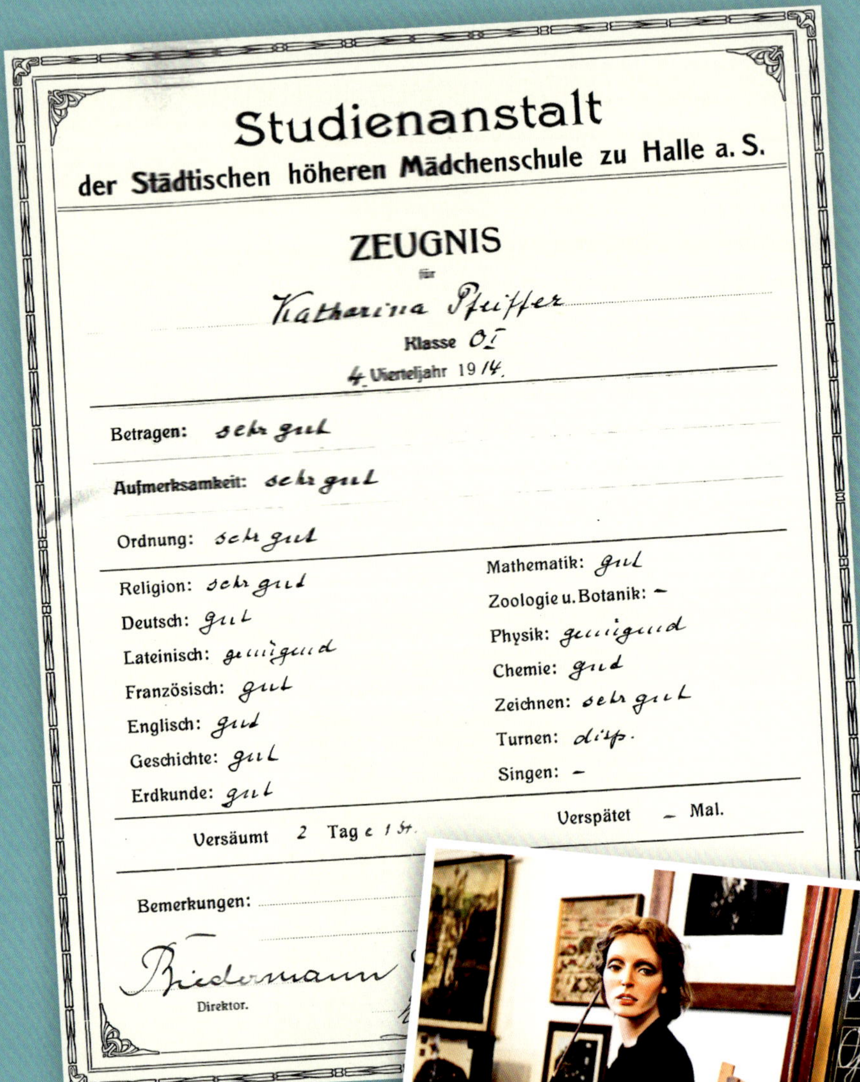

Studienanstalt

der Städtischen höheren Mädchenschule zu Halle a. S.

ZEUGNIS

für

Katharina Pfeiffer

Klasse OI

4. Vierteljahr 1914.

Betragen: sehr gut

Aufmerksamkeit: sehr gut

Ordnung: sehr gut

Religion: sehr gut

Deutsch: gut

Lateinisch: genügend

Französisch: gut

Englisch: gut

Geschichte: gut

Erdkunde: gut

Mathematik: gut

Zoologie u. Botanik: –

Physik: genügend

Chemie: gut

Zeichnen: sehr gut

Turnen: disp.

Singen: –

Versäumt 2 Tage 1 St.

Verspätet – Mal.

Bemerkungen:

Biedermann

Direktor.

Danksagung

Dr. Jochen Dietrich, Stift Keppel, Hilchenbach;
Dietlind Fischer, Münster;
Dorothea Jehmlich, Museum Stift Keppel, Hilchenbach;
Margarete Ong-Brunell, Bochum;
Günter Pfannenstein (Foto Hamer), Bochum;
Claudia Schädel, Bochum;
Dr. Beate Schneidereit, Bochum;
Peter Schneller, Schulmuseum, Bochum;
Jutta Schreiber, Bochum;
Peter Silbernagel, Düsseldorf;
Katharina Vogt, Bochum.

Für die Belebung gemeinsamer Erinnerungen Dank
an die Klasse 13b (1964) der Wilhelm-Raabe-Schule, Lüneburg.

Für das »Lüneburg-Kapitel« ein besonderer Dank an Dr. Uwe Plath,
der mit wertvollen Informationen, Bildmaterial und
Hinweisen Unterstützung gewährte.

Ferner ist zu danken:
dem Deutschen Philologenverband
(Deutscher Lehrerpreis – Unterricht innovativ), Berlin;

Leitung und Mitarbeitern des Stadtarchivs Lüneburg,
besonders Susanne Altenburger;

Institut für Zeitungsforschung, Dortmund;
Universitätsbibliothek Bochum.

Literaturverzeichnis

Albisetti, James C.: *Mädchen- und Frauenbildung im 19. Jahrhundert,* Bad Heilbrunn 2007.

Austen, Jane: *Emma,* München 2012.

Avery, Gillian: *The Best Type of Girl. A History of Girl's Independent Schools,* London 1991.

Bäumer, Gertrud: *Im Licht der Erinnerung,* Tübingen 1953.

Berg, Christa (Hrsg.): *Handbuch der deutschen Bildungsgeschichte, Bd. 4 1870 – 1918,* München 1991.

Berg-Ehlers, Luise: *Das Glück des Schreibens,* Berlin 2009.

Bleitner, Thomas: *Hamburgerinnen, die lesen, sind gefährlich,* München 2011.

Bollmann, Stefan: *Frauen, die denken, sind gefährlich und stark,* München 2012.

Brandon, Ruth: *Other People's Daughters. The Life and Times of the Governess,* London 2009.

Brontë, Anne: *Agnes Grey,* München 2014.

Brontë, Charlotte: *Jane Eyre,* München 1998.

Budde, Gunilla: *Als Erzieherinnen in Europa unterwegs: Gouvernanten, governesses und gouvernantes,* in: *Europäische Geschichte Online (EGO),* hrsg. vom Leibniz-Institut für Europäische Geschichte (IEG), Mainz 2011-06-01. *URL: http://www.ieg-ego.eu/buddeg-2011-de.*

Crawford, Marion: *The Little Princesses,* London 1952.

Dahl, Roald: *Matilda,* Reinbek 1989.

Davies, Emily: *The Higher Education of Women (1866), Reprint* London 1988.

Dieterle, Regina (Hrsg.): *Theodor Fontane und Martha Fontane. Ein Familienbriefnetz,* Berlin 2002.

Dieterle, Regina: *Die Tochter. Das Leben der Martha Fontane,* München 2006.

Enzelberger, Sabina: *Sozialgeschichte des Lehrerberufs,* Weinheim u. München 2001.

Felten, Michael: *Auf die Lehrer kommt es an,* 3. Aufl., Gütersloh 2013.

Feyl, Renate: *Der lautlose Aufbruch,* München 2004.

Fischer, Dietlind u.a. (Hrsg.): *Schulentwicklung geht von Frauen aus,* Weinheim 1996.

Gill, Gillian: *We Two: Victoria and Albert: Rulers, Partners, Rivals,* New York 2009.

Gleim, Betty: *Die Erziehung und Unterrichtung des weiblichen Geschlechts. Ein Buch für Eltern und Erzieher,* Neudr. d. Ausg. Leipzig 1810, Paderborn 1998.

Grunder, Hans-Ulrich (Hrsg.): *»Der Kerl ist verrückt!« Das Bild des Lehrers und der Lehrerin in der Literatur und in der Pädagogik,* Zürich 1999.

Güldner, Hans (Hrsg.): *Die höheren Lehranstalten für die weibliche Jugend in Preußen,* Halle a. d. Saale 1913.

Hall, Murray G.: *»Frau Doktor«: Eugenie Schwarzwald.* In: *Das Jüdische Echo Nr. 1, 23,* 1983, S. 113–115.

Hamann, Brigitte: *Bertha von Suttner. Ein Leben für den Frieden,* München 1986.

Hardach-Pinke, Irene: *Die Gouvernante. Geschichte eines Frauenberufs,* Frankfurt/Main 1993.

Herdan-Zuckmeyer, Alice: *Genies sind im Lehrplan nicht vorgesehen,* Frankfurt/Main 1983.

Herrberg, Heike; Wagner, Heidi: *Wiener Melange. Frauen zwischen Salon und Kaffeehaus,* Berlin 2014.

Holmes, Deborah: *Langeweile ist Gift. Das Leben der Eugenie Schwarzwald,* St. Pölten-Salzburg-Wien 2012.

Hughes, Kathryn: *The Victorian Governess,* London 1993.

Hunt, Felicity (Hrsg.): *Lessons for Life. The Schooling of Girls and Women 1850–1950,* Oxford 1987.

Jacobi, Juliane: *Mädchen- und Frauenbildung in Europa. Von 1500 bis zur Gegenwart,* Frankfurt/Main 2013.

Kippenberg, August: *Betty Gleim. Ein Lebens- und Charakterbild,* Bremen 1882.

Krattiger, Ursa (Hrsg.): *»Randalierende Lehrerinnen.« Der Basler Lehrerinnenstreik vom 3. Februar 1959,* Basel 2009.

Lange, Helene: *Kampfzeiten, Bd. 1–2,* Berlin 1928.

Lawson, Valerie: *Mary Poppins, she wrote,* New York 2005.

Lechner, Isabella: *Wienerinnen, die lesen, sind gefährlich,* München 2012.

Longford, Elizabeth: *Victoria R. I.,* London 1998.

Luserke, Matthias: *Schule erzählt. Literarische Spiegelbilder im 19. und 20. Jahrhundert,* Göttingen 1999.

Mann, Katia: *Pädagogische, psychologische und kulturanalytische Traditionen und Perspektiven im Werk Ellen Keys,* Diss., Berlin 2003.

Mazohl-Wallnig, Brigitte (Hrsg.): *Bürgerliche Frauenkultur im 19. Jahrhundert,* Wien–Köln–Weimar 1995.

Meiners, Antonia: *Die Stunde der Frauen zwischen Monarchie, Weltkrieg und Wahlrecht 1913–1919,* München 2013.

Müller, Maria Elisabeth: *»... perché una volta la maestra effettivamente si dedicava anima e cuore alla scuola.« Diplomarbeit,* Wien 2008.

Nyström-Hamilton, Louise: *Ellen Key. Her Life and Her Work,* New York-London 1913.

Phillips, Melanie: *The Ascent of Women. A History of the Suffragette Movement and the Ideas behind,* London 2003.

Plath, Uwe: *Mädchenbildung im Lüneburg des 19. Jahrhunderts,* Lüneburg 1986.

Plath, Uwe; Scheuermann, Barbara (Hrsg.): *Ad multos annos. 175 Jahre Wilhelm-Raabe-Schule zu Lüneburg,* Lüneburg 2006.

Reinecke, Wilhelm: *Geschichte der Stadt Lüneburg,* Lüneburg 1933.

Ridley, Annie E.: *Frances Mary Buss, and Her Work for Education, New York 1895,* Reprint, London 2012.

Robinson, Jane: *Bluestockings,* London 2010.

Rohner, Isabel: *Spuren ins Jetzt. Hedwig Dohm – eine Biografie,* Sulzbach 2010.

Rowling, J. K.: *Harry Potter* ff., Hamburg 1998 ff.

Saint, Dora Jessie (Miss Read): *Dorfschule u.a.,* München 1967ff.

Salomon, Alice: *Charakter ist Schicksal,* Weinheim–Basel 1984.

Schaser, Angelika: *Helene Lange und Gertrud Bäumer. Eine politische Lebensgemeinschaft,* Köln–Weimar–Wien 2000.

Schenk, Herrad: *Die feministische Herausforderung. 150 Jahre Frauenbewegung in Deutschland,* München 1983.

Schmidt, Loki: *Mein Leben für die Schule,* Reinbek 2007.

Schmidt, Loki: *Erzähl doch mal von früher,* München 2010.

Schüler, Anja: *Frauenbewegung und soziale Reform: Jane Addams und Alice Salomon im transatlantischen Dialog, 1889–1933,* Stuttgart 2004.

Seebauer, Renate: *Frauen, die Schule machten,* Wien 2007.

Shillito, Elizabeth H.: *Dorothea Beale,* London 1920.

Spark, Muriel: *Die Blütezeit der Miss Jean Brodie,* Zürich 1983.

Steinbach, Susie: *Women in England. 1760–1914,* London 2005.

Tomalin, Claire: *The Life and Death of Mary Wollstonecraft,* London 1974.

Travers, P. L.: *Mary Poppins* ff., Hamburg 1999 ff.

Twells, Alison: *British Women's History,* London 2007.

Waldschmidt, Ingeborg: *Maria Montessori. Leben und Werk,* München 2010.

Winsloe, Christa: *Das Mädchen Manuela,* Berlin 2012.

Wollstonecraft, Mary: *Ein Plädoyer für die Rechte der Frau,* Weimar 1999.

Woolf, Virginia: *Frauen und Literatur,* Frankfurt/Main 1989.

Zechlin, Arthur: *Geschichte der Lüneburger Höheren Bildungsanstalten für die weibliche Jugend,* Lüneburg 1925.

Personenregister

J

K

L

M

N

O

P

R

S

T

U

V

W

Y

Z

Bildnachweis

akg-images, Berlin: Seite 18, 21, 33, 40, 43 links, 61, 93, 94, 111 rechts, 123 oben, 134
Leo Baeck Institute, New York: 36
Luise Berg-Ehlers, Bochum: 6, 13, 23, 31, 35, 38, 47, 48, 50, 51, 53 oben, 54, 62, 64, 68, 71, 73, 74, 77, 78, 83, 84, 87, 90, 97, 99, 100, 111 links, 112, 117, 127, 128, 129, 130, 138, 145 unten, 149, 150, 160, Umschlagrückseite links
Getty Images, München: Umschlagfoto, 27, 29, 53 unten, 67, 104, 143, Umschlagrückseite rechts
Interfoto, München: 45, 132, 141, 145 oben
Museum Stift Keppel, Hilchenbach: 58
Österreichische Nationalbibliothek, Wien: 107
Stadsmuseum Stockholm: 102
Stadtarchiv Lüneburg: 81
Süddeutsche Zeitung Photo, München: 24, 70
ullstein bild, Berlin: 92, 123 unten

Alle weiteren Abbildungen stammen aus Privatbesitz oder dem Archiv des Insel Verlags